KOCH MICH!

PETRA STEPS

KOCH MICH!
VOGTLAND

7 x 7 KÖSTLICHE REZEPTE
AUS SACHSEN, THÜRINGEN,
BAYERN UND BÖHMEN

PAPERENTO*
* die mit der Ente

Mit ihren 98 Bögen gilt die Göltzschtalbrücke als das Wahrzeichen des Vogtlands schlechthin. Und ist noch dazu die größte Ziegelstein-Brücke der Welt. 26 Millionen Backstein-Ziegel waren für den Bau notwendig.

KOCHLÖFFEL UND STIFTE BEREITHALTEN!

Einst herrschten die Vögte von Weida, Gera, Plauen und Greiz über die Region. Heute liegt das Vogtland auf der Flur dreier Bundesländer und von Tschechien. Kerngebiet sind die Stadt Plauen und der Vogtlandkreis in Südwestsachsen.

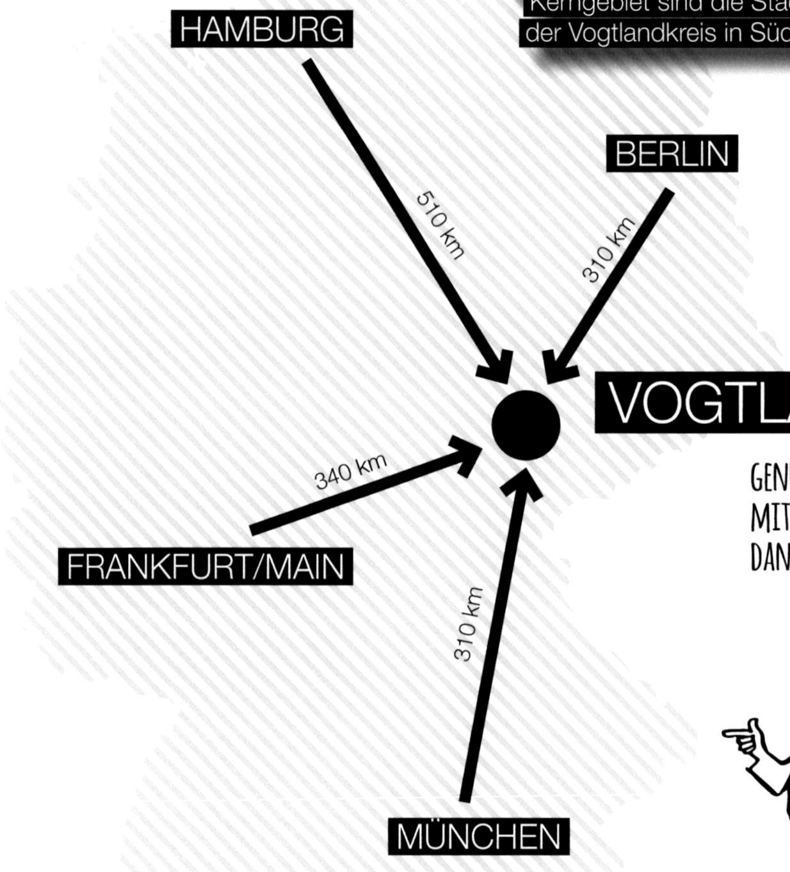

GENUG HUNGER MITGEBRACHT? DANN LOS!

VATER UND SOHN zeigen dir, wie knifflig die Rezepte sind.

EINFACH Nur selten am Herd? Dann ist dieses Rezept für dich.

HERAUSFORDERND Für alle, die gern und regelmäßig kochen.

ANSPRUCHSVOLL Für Profis und alle, die es werden wollen.

WIE SCHMECKT DAS VOGTLAND? SO!

Das Vogtland in seinen historischen Grenzen vereint Vielfalt auf engstem Raum. Hügel und Täler, Schlösser und Burgen, Seen und Talsperren, Kurbäder und Erlebnisparks, Handwerk und Hightech, ruhige Natur und quirlige Kultur – all das und noch mehr ist hier zu finden. Wen wundert also die ungeheure Fülle in Sachen Kulinarik!

Um eines kommen Gäste beim Vogtland auf keinen Fall herum: die Kartoffel. Hier ist der Feldanbau nachgewiesen, lange bevor der Alte Fritz seinen Kartoffelbefehl erließ. Es gibt vegetarische und vegane Rezepte. Manche können auch problemlos umgewandelt werden, denn Vegetarier und Veganer wissen selbst sehr gut, womit sie Fleisch, Butter, Kuhmilch oder Eier ersetzen können. Ich habe viele Jahre zwei Varianten gekocht. Ein besonderer Dank geht an Beate Werner und das Team der Tafel Vogtland e.V., Simone Dürbeck und ihre Schüler von der Oberschule Neumark und Katja Bodenschatz aus der Salzgrotte Reichenbach, die Rezepte ausprobiert haben. Und natürlich an alle, die nicht einmal wussten, dass sie Vorkoster für das Buch waren.

Begleitet uns bei den Streifzügen durch einen von den einstigen Vögten geprägten Landstrich im Vier-Länder-Eck von Sachsen, Thüringen, Bayern und Böhmen.

DIE AUTORIN

Petra Steps rührt seit ihrer frühen Jugend alles Mögliche zusammen – für Freunde, Verwandte, Bekannte und alle, die es mögen. In ihrer literarisch-journalistischen Küche entstanden Krimis, Kurzgeschichten, Reisebücher, Beiträge in Regionalia und ungezählte Zeitungsartikel. Kulinarisch ist sie genauso breit aufgestellt, dazu mit der traditionellen Küche des Vogtlandes vertraut. Am liebsten widmet sie sich der Leftover- oder Rumfort-Küche – zaubert also etwas aus dem, was rumliegt und fort muss.

KOCH MICH! **VOGTLAND**

THÜRINGER VOGTLAND

PLATZ FÜR DEINE EIGENEN REZEPTIDEEN IST GANZ AM ENDE DES BUCHS!

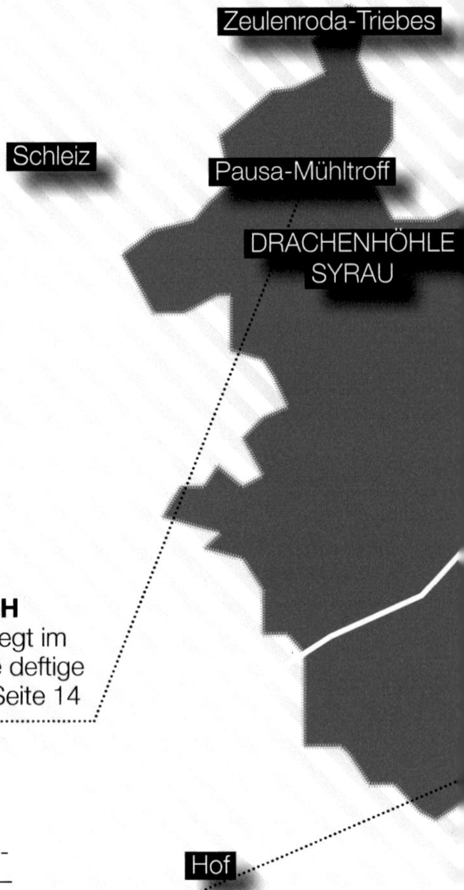

ALLES DREHT SICH
Der Nabel der Welt liegt im Vogtland. Probier die deftige Erdachsen-Pfanne! Seite 14

ZU DEN STERNEN geflogen ist Sigmund Jähn nie – aber weit ran. Wir kredenzen ihm ein Süppchen. Seite 28

FRÄNKISCHES VOGTLAND/ BAYERN

GANZ VIEL HEIMAT steckt in diesen Rezepten – gleich probieren!

HOCH DIE TASSEN
Porzellan aus Selb ziert viele Küchen – unser Tassenkuchen schmeckt aber aus jedem Geschirr. Seite 15

UNSERE HIGHLIGHTS DER VOGTLAND-KÜCHE

GLANZSTÜCK Bambes, Kartoffelpuffer, Rösti: Hauptsache fettig – so wie der Goldene Göltzschtaler. Seite 42

EIN KNALLER war der Knatsch am Gartenzaun. Ganz friedlich dagegen ist dieser Eintopf. Seite 33

WIE DAS KLINGT Musikalisch geht es im oberen Vogtland zu – und ebenso beim Matjestopf. Seite 70

WIE BITTE? Wer keine Ahnung von böhmischen Dörfern hat, bekommt hier die Anleitung für köstliche Knödel von dort. Seite 93

VORSPEISEN

SUPPEN

BEILAGEN

SALATE

HUNGER? Wir bringen dich auf den Vogtland-Geschmack

HAUPTGERICHTE

DESSERTS

DRINKS

KOCH MICH! **VOGTLAND**

VORSPEISEN

Willkommen im Land der Vögte! Kalt oder warm? Mit diesen Gerichten zum Auftakt kann nichts schiefgehen.

PAUSAER ERDACHSENPFANNE

INTERNATIONALE KÜCHE AM NABEL DER WELT

Die Pausaer werben damit, der Mittelpunkt der Erde und damit der Nabel der Welt zu sein. Die Weltkugel, seit 1934 auf dem Rathaus, und die Schmierstub' in den Katakomben desselben, zeugen davon. Mit 47 Buchstaben ist ihre Erdachsendeckelscharnierschmiernippelkommission ein Gremium mit dem längsten vogtländischen Wort. Es gibt hochprozentige Erdachsenschmiere und ein mehr als 100 Jahre altes Schmier-Ritual bei Vollmond.

SCHWIERIGKEITSGRAD:

ZUTATEN FÜR 4 PERSONEN

- 4 Eier
- 1 Zwiebel
- 1–2 Knoblauchzehen
- 8 mittlere Tomaten, eine Handvoll Cocktailtomaten
- 1 rote Paprikaschote
- etwas Wasser
- Salz, Pfeffer, Kurkuma, Kreuzkümmel
- Chili nach Belieben
- 1 EL Öl

1 Zwiebel und Knoblauch hacken. Tomaten waschen, würfeln.

2 Paprika waschen, Kerne entfernen, in schmale Streifen schneiden.

3 Zwiebeln und Knoblauch in heißem Öl leicht anschwitzen. Zuerst die Gewürze zugeben, dann die Paprikastreifen und die Tomatenstücke. Vier Paprikastreifen aufheben. Ein Gläschen Wasser dazugeben. Etwa 15 Minuten auf kleiner Flamme köcheln lassen. Kräftig abschmecken.

4 In die Tomatenmasse vier kleine Mulden drücken, jeweils ein Ei hineingleiten lassen. So lange weiterköcheln lassen, bis die Eier gestockt sind, das Eigelb aber noch halbflüssig ist.

5 Vor dem Servieren über jedes Eigelb einen Paprikastreifen als Erdachse legen.

Anderswo nennt sich das Gericht übrigens Shakshuka.

ZUBEREITET AM: FÜR: | ES WAR: ☐ ☐ ☐ | NOCHMAL? ☐ja ☐nein

SELBER TASSENKUCHEN

AUS DER TASSE AUF DEN TELLER

Bei Selb fällt dem Kenner zuerst Porzellan ein, denn Marken wie Rosenthal & Hutschenreuther stammen aus der oberfränkischen Stadt. Das Porzellanikum Selb ist Europas größtes Spezialmuseum für Porzellan. 250.000 Objekte gehören zur Sammlung. Viele der Tausenden Tassen sind nicht ausgestellt, sondern nur für wissenschaftliche Zwecke im Schrank.

SCHWIERIGKEITSGRAD:

ZUTATEN FÜR 4 PERSONEN

- 1 Packung Mini-Mozzarella
- 8 getrocknete Tomaten in Öl
- 12 schwarze Oliven (trocken)
- ½ rote Paprika
- 1 Schalotte
- 100 g Salami
- 100 g Mehl
- 1 TL Backpulver
- 4 Eier (M)
- Pizzagewürz oder frische Kräuter
- Salz

1 Tomaten abtupfen, klein würfeln, ebenso die Salami und die Zwiebel. Die Mozzarella-Kugeln vierteln, die Oliven hacken.

2 In einer Schüssel Käse, Gemüse und Salamiwürfel mit den Zwiebelwürfeln, den Tomaten und Oliven mischen.

3 In einer zweiten Schüssel Mehl, Backpulver und Gewürze mischen, das Ei darunter rühren. Beides vorsichtig zusammenfügen, in vier größere feuerfeste Tassen geben.

4 Bei 175 Grad Umluft ca. 25 Minuten backen, bis der Teig fest ist. In der Mikrowelle dauert es mit 600 Watt etwa 3 bis 4 Minuten.

5 Entweder auf einen Teller stürzen oder gleich aus der Tasse essen.

ZUBEREITET AM: FÜR: | ES WAR: ☐ ☐ ☐ | NOCHMAL? ☐ja ☐nein

Die einzige ihrer Art im ganzen Vogtland: In Syrau steht eine Holländerwindmühle – erbaut 1887. Die Einrichtung ist fast vollständig erhalten und liefert Gästen einen Einblick ins Handwerk eines Müllers.

PIRKER CAMPING-SNACK IM GLAS

GANZ SCHNELL ZU LÖFFELN

Die Talsperre Pirk ist ein beliebter Anlaufpunkt für Camper, egal ob mit Zelt oder Wohnmobil oder als Dauergast im Bungalow. Dort können Urlauber für kleines Geld die vogtländische Landschaft genießen, baden oder Boot fahren, wandern oder Ausflüge unternehmen. Beim Essen muss es oft schnell gehen. Unsere Vorspeise lässt sich mit der doppelten Menge auch zur Hauptspeise aufstocken.

SCHWIERIGKEITSGRAD:

ZUTATEN FÜR 2 PERSONEN

- 2 kleine Scheiben Vollkornbrot
- 1 EL Butter
- 4 Eier
- 4 EL Milch
- 8 Cherry-Tomaten
- Kräutersalz
- frische Petersilie

1 Das Brot würfeln, die Hälfte der Butter zerlassen, das Brot darin anrösten. In zwei Gläser geben.

2 Die Eier mit der Milch und dem Kräutersalz verrühren. Tomaten würfeln, Petersilie hacken.

3 Die restliche Butter in der Pfanne schmelzen lassen, die Eimasse in die Pfanne gießen.

4 Wenn das Ei zu stocken anfängt, die gewürfelten Tomaten vorsichtig unter das Rührei heben. Weiter stocken lassen. Zum Schluss die gehackte Petersilie hinzufügen.

5 Das Rührei auf die Brotwürfel geben. Kurz durchziehen lassen. Noch heiß genießen.

ZUBEREITET AM: FÜR: | ES WAR: ☐ ☐ ☐ | NOCHMAL? ☐ja ☐nein

ROTHENTHALER ALPENKÄSESTANGEN

ZUM PICKNICK HOCH ÜBER DEM FLUSS

Die Rothenthaler Alpen sind eine Felsformation, die das sächsische und thüringische Vogtland zwischen Elsterberg und Greiz verbindet. Hoch über dem wildromantischen Tal der Weißen Elster befindet sich ein Wandersteig mit Felsvorsprüngen, die atemberaubende Aussichten erlauben. Einer davon ist der Glücksdrachen-Stein an der Rothenthaler Bastei. Dort macht ein Picknick besonderen Spaß – am besten mit Freunden.

SCHWIERIGKEITSGRAD:

ZUTATEN FÜR 6 PERSONEN

- 1 Packung Blätterteig frisch (400g)
- 100 g schnittfester Alpenkäse, fein gerieben
- Salz, Pfeffer, Paprika, Chili
- 1 Handvoll Mehl
- 1 Eigelb
- 2 EL Wasser
- Sesamsaat, Schwarzkümmel nach Belieben

1 Backofen auf 180 Grad vorheizen. Käse reiben. Eigelb mit 2 EL Wasser und den Gewürzen verrühren.

2 Blätterteig auf einer bemehlten Fläche ausrollen, mit dem gewürzten Eigelb bepinseln.

3 Käse dünn aufstreuen. Teig zuklappen. Mit der Teigrolle leicht darüber rollen. In 1,5 cm breite Streifen schneiden, diese mit Eigelb bepinseln, eindrehen, mit dem restlichen Eigelb bestreichen. Wer möchte, kann die Stangen mit Sesam oder Schwarzkümmel bestreuen.

4 Auf ein mit Backpapier belegtes Blech legen und 15 Minuten backen.

Zu den Käsestangen passen als Suppe die »Eiskalte Elster« (Seite 29) oder der Dattel-Chili-Dip vom »Syrauer Drachenbrot« (Seite 47).

ZUBEREITET AM: FÜR: | ES WAR: ☐ ☐ ☐ | NOCHMAL? ☐ja ☐nein

MULDENBERGER FLÖSSERHAPPEN

AM BESTEN IN DER GRUPPE GENIESSEN

Vor reichlich 300 Jahren wurde von Muldenberg aus Brennholz nach Leipzig und Halle geflößt. Alljährlich zum Flößerfest können Gäste den Mitgliedern vom Vogtländischen Flößerverein Muldenberg beim Schauflößen zusehen oder sich selbst ausprobieren und ein Flößerdiplom erwerben. Zum Flößen gehört ein zünftiger Flößerschmaus. Wir haben uns für eine Variante mit geräucherten Bachforellen entschieden.

SCHWIERIGKEITSGRAD:

ZUTATEN FÜR 1 PERSON

- 1 Scheibe dunkles Brot
- 1 geräuchertes Forellenfilet
- 1 TL Meerrettich aus dem Glas
- 1 EL Kräuterfrischkäse
- eine Handvoll Brunnenkresse (oder Feldsalat)
- ein paar Schalottenringe
- ein paar Spritzer Zitronensaft
- frisch gemahlene rosa Beeren

1 Frischkäse mit Meerrettich und Zitrone verrühren. Brot mit der Masse bestreichen. Mit der gewaschenen und gut abgetrockneten Brunnenkresse (oder dem Feldsalat) belegen.

2 Das Forellenfilet zerzupfen, auf das Brot legen.

3 Die Zwiebelringe darüber verteilen. Mit rosa Pfefferbeeren würzen.

ZUBEREITET AM: FÜR: | ES WAR: ☐ ☐ ☐ | NOCHMAL? ☐ja ☐nein

Hier spielt die Musik. Markneukirchen
im oberen Vogtland ist einer der Hauptorte
des Musikwinkels – in dem seit vielen Jahren
Instrumente gefertigt werden.

FRANZ'L-TOAST

HAWAII OHNE ANANAS

Der Toast soll aus dem böhmischen Bäderdreieck stammen, von dem Franzensbad (Františkovy Lázně) am meisten mit dem Vogtland verbunden ist. Der kleine Franz'l steht als Skulptur im Kurpark. In der DDR war Ananas knapp und sehr teuer, deshalb kommt die typisch ostdeutsche Variante – auch Karlsbader Schnitte genannt – ohne die Frucht vom Toast Hawaii aus. Soll's ein Hauptgericht werden, wird das Zwei- bis Dreifache pro Person gereicht, ergänzt um einen Salat.

SCHWIERIGKEITSGRAD:

ZUTATEN FÜR 2 PERSONEN

- 2 Scheiben Toast
- Butter zum Bestreichen
- 2 Scheiben Schinken
- 2 Scheiben Toastkäse
- Paprika edelsüß
- Salatgarnitur
- Worcestersauße

1 Den Toast buttern, mit Schinken und Käse belegen. Paprika auf den Käse streuen.

2 Im vorgeheizten Ofen überbacken, bis der Käse leicht zerläuft.

3 Mit Salatgarnitur (Salatblatt, Gurke, Tomate oder Gewürzgurken) anrichten. Worcestersoße dazu reichen.

ZUBEREITET AM: FÜR: | ES WAR: ☐ ☐ ☐ | NOCHMAL? ☐ja ☐nein

WIRTSBERGER ZITRONENEIER

GAR NICHT SO SAUER

So ganz genau weiß wohl niemand, warum sich das achteckige Gipfelhaus auf dem Wirtsberg in Landwüst Zitronenpresse nennt. Vielleicht hatten die Erbauer ein Faible für die sonnengereifte, gelbe Frucht? Oder es war die Sehnsucht nach Italien und dem Mittelmeer? Bis dorthin können Wanderer vom 664 Meter hohen Berg nicht schauen. Deshalb bringt das Rezept einen mediterranen Hauch in den südlichen Zipfel des Vogtlandskreises, in dem es auch ein sehenswertes Freilichtmuseum und eine barocke Kirche gibt.

SCHWIERIGKEITSGRAD:

ZUTATEN FÜR 5 PERSONEN

- 5 Eier
- 1 Bio-Zitrone, am besten die Sorten Amalfi oder Sorrent
- 65 g Frischkäse (Doppelrahmstufe)
- 1 EL Zitronensaft
- 1 TL fein geriebene Zitronenschale
- 1 EL Sonnenblumenöl
- Petersilie, Schnittlauch, Salz, Cayenne-Pfeffer

1 Die Eier hart kochen. Abschrecken, schälen, abkühlen lassen.

2 Die gelbe Schale der Zitrone mit einer feinen Reibe abreiben. Die Zitrone halbieren und auspressen.

3 Den Frischkäse mit Zitronenabrieb, Saft, Öl, Schnittlauch, wenig Salz sowie frisch gemahlenem Pfeffer mischen.

4 Eier längs halbieren, Eigelb vorsichtig entfernen und zu der Käsemischung geben. Mit dem Pürierstab zu einer Creme aufschlagen.

5 Die Eier-Zitronencreme in einen Spritzbeutel mit Sterntülle füllen. Die Creme in die Eihälften spritzen.

6 Mit Petersilie und je einer Prise Cayenne-Pfeffer garnieren.

Die Eier lassen sich gut auf »Auerbachs Kellerteller« (Seite 60) anrichten, am besten mit ein paar Blättern Feldsalat als Bett.

ZUBEREITET AM: FÜR: | ES WAR: ☐ ☐ ☐ | NOCHMAL? ☐ja ☐nein

13
12
14
15
11
16
5
4
6
3
2
7
10
17
8
9
18
1
29
28
27
26

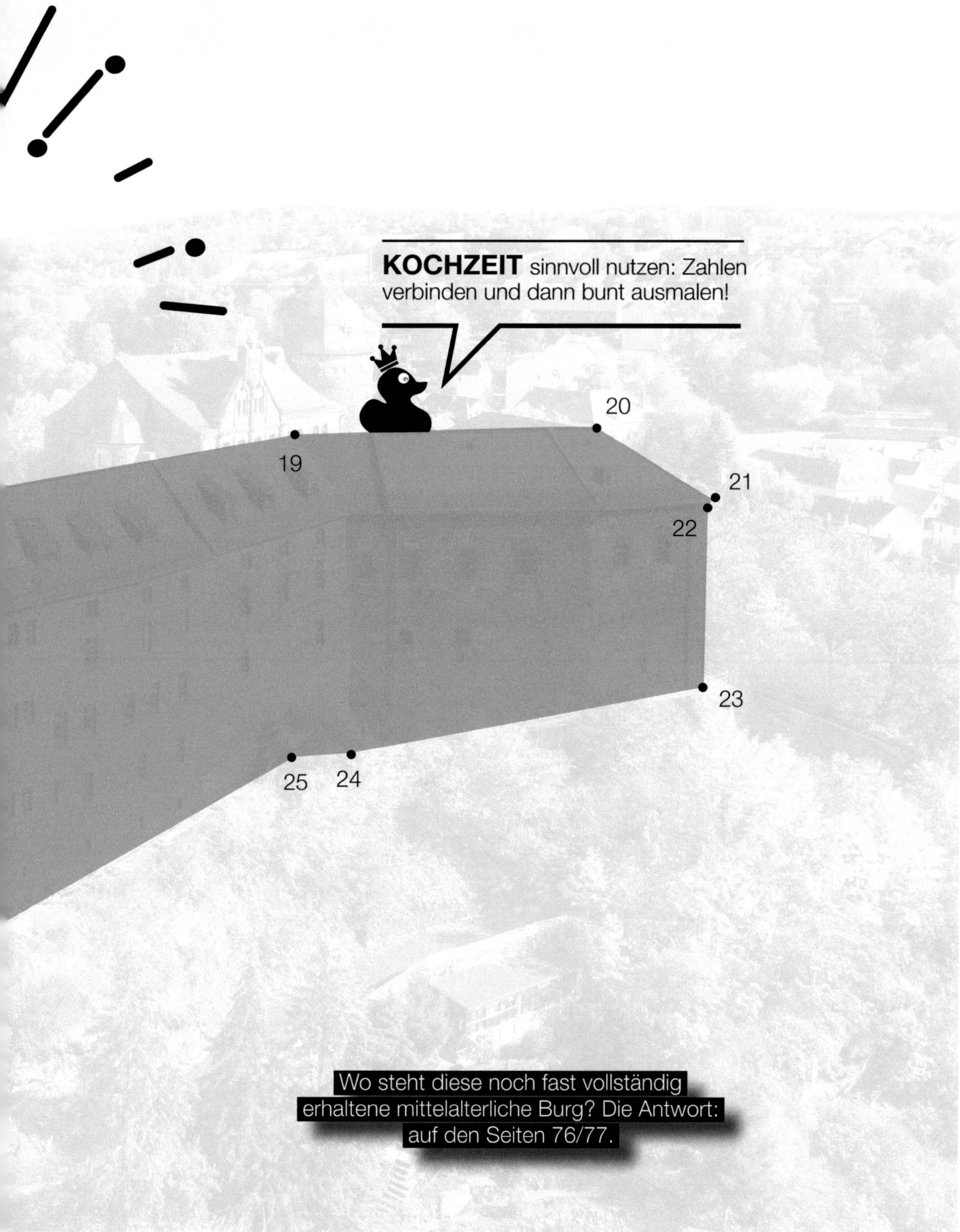
KOCHZEIT sinnvoll nutzen: Zahlen verbinden und dann bunt ausmalen!
19
20
21
22
23
24
25
Wo steht diese noch fast vollständig erhaltene mittelalterliche Burg? Die Antwort: auf den Seiten 76/77.

KOCH MICH! VOGTLAND

SUPPEN

Das Salz dieser Rezepte?
Frische Zutaten aus der Region.
Kein Wunder, dass alle Gäste den
Topf gemeinsam auslöffeln wollen.

SIGGIS STERNCHENSUPPE

GRIFF NACH DEN STERNEN

Sigmund Jähn griff als erster Deutscher nach den Sternen. Am 26. August 1978 brach er zu seiner Weltraummission auf. Sein Geburtsort Morgenröthe-Rautenkranz erinnert mit der Raumfahrtausstellung und einem Weltraumbahnhof daran. Ansonsten kennt wohl fast jeder den Flecken aus dem Fernsehen – als oft kältesten Ort in Deutschland.

SCHWIERIGKEITSGRAD:

ZUTATEN FÜR 4 PERSONEN

- 1 Bund Suppengrün (1 Karotte, ½ Knollensellerie, Lauch)
- 1 frisches Suppenhuhn (ca. 1,5–2 kg)
- 2 große Zwiebeln
- 4 Knoblauchzehen
- 1 Bund Suppengrün
- 2 Möhren
- 1 Bund glatte Petersilie
- Meersalz, bunter Pfeffer aus der Mühle
- Bratöl
- 250 g Sternchennudeln

1 Suppengrün putzen, waschen, in Stücke schneiden. Knoblauchzehen und Zwiebeln schälen und vierteln.

2 In einem großen Topf Bratöl erhitzen, Gemüse dazugeben, unter Rühren 5 Minuten scharf anrösten. Salz und Pfeffer zugeben, umrühren.

3 Wasser aufgießen, aufkochen lassen. Das Huhn in die Gemüsebrühe legen. Es muss von der Flüssigkeit bedeckt sein.

4 Alles anderthalb bis zwei Stunden köcheln, aus dem Topf nehmen, abkühlen lassen, Fleisch würfeln. Brühe durch ein Sieb gießen, mit Salz abschmecken, erneut aufkochen. Die beiden Möhren putzen, in dünne Scheiben schneiden, in die Brühe geben.

5 Nach fünf Minuten die Sternchennudeln zufügen, aufkochen, nach Packungsanleitung kochen. Kurz vor Kochende das Fleisch vorsichtig einlegen. Eventuell nachwürzen.

6 Auf den Tellern mit der von den Stielen gezupften Petersilie garnieren.

ZUBEREITET AM: FÜR: | ES WAR: ☐ ☐ ☐ | NOCHMAL? ☐ja ☐nein

EISKALTE ELSTER

TOMATENSUPPE TRIFFT BASILIKUMEIS

Nicht umsonst ist das Lied »Dort wu dorchs Land de Elster fließt« die heimliche Vogtlandhymne. Von der Elsterquelle östlich von Asch (Aš) in Tschechien bis zur Mündung in die Saale bei Halle legt die Weiße Elster 257 Kilometer zurück. Heute ist ihre Farbe meist zwischen grau und blau. Als es noch Textilfabriken an ihren Ufern gab, schlängelte sie sich auch rot oder giftgrün durch die Region. Der Sage nach soll so mancher in den Fängen der Elster-Nixe gelandet und in den eiskalten Fluten verschwunden sein.

SCHWIERIGKEITSGRAD:

ZUTATEN FÜR 4 PERSONEN

Für das Eis:

- 1 Kugel Mozzarella (groß)
- ½ Becher Schlagsahne
- ½ Becher saure Sahne
- 1 Bund Basilikum
- Salz (wenig, sonst friert es nicht richtig), weißer Pfeffer, frische Kräuter
- 1 EL Honig (bei Bedarf auch mehr)

Für die Tomatensuppe:

- 1 EL Rapsöl
- 1 EL Butter
- 1 mittlere Zwiebel
- 1–2 Knoblauchzehen
- 1 TL edelsüßer Paprika
- 2 Dosen stückige Tomaten (oder 1,5 kg frische Tomaten entkernt und gewürfelt)
- 500 ml Gemüsebrühe
- Salz, Pfeffer
- 2 EL gutes Olivenöl

1 Für das Eis: Basilikum waschen, trockenschleudern, zupfen und grob hacken. Mozzarella abtrocknen in Stücke schneiden, zusammen mit saurer Sahne, Basilikum, Salz, Pfeffer und Honig im Mixer pürieren. Schlagsahne aufschlagen. Das Püree vorsichtig unterheben.

2 In Eiswürfelformen verteilen und einfrieren (kann auch auf Vorrat vorbereitet werden).

3 Für die Tomatensuppe: Zwiebel fein hacken. Rapsöl und Butter erhitzen. Zwiebel anschwitzen, durchgepressten Knoblauch dazu geben und alles glasig dünsten. Edelsüßen Paprika darüberstäuben und kurz mit rösten.

4 Tomaten zufügen und kräftig umrühren, mit 250 ml Gemüsebrühe auffüllen und köcheln lassen. Je nach Konsistenz mehr Brühe zugeben.

5 Die Suppe mit Salz und Pfeffer abschmecken und das Olivenöl einrühren.

6 In Portionsgläser füllen, abkühlen lassen und im Kühlschrank durchkühlen.

7 Die Suppe mit Basilikumeiswürfeln anrichten und mit Kräuterblättchen oder Zweigen dekorieren.

Dazu passen »Rothentaler Alpenkäsestangen« (Seite 18).

ZUBEREITET AM: FÜR: | ES WAR: ☐ ☐ ☐ | NOCHMAL? ☐ja ☐nein

HOFER FREIHEITS-SCHNITZ

ALLES IN EINEM TOPF

Die Stadt Hof in Oberfranken steht für ehemalige DDR-Bürger aus dem sächsischen oder Thüringer Vogtland und dem Erzgebirge wie kein anderer Ort für die ersten Freiheitstage nach der Grenzöffnung 1989. Neben dem »Begrüßungsgeld« waren es auch preiswerte Gerichte, von denen die Sachsen und Thüringer begeistert waren. Das Grundrezept für Hofer Schnitz verraten wir hier.

SCHWIERIGKEITSGRAD:

ZUTATEN FÜR 4 PERSONEN

- 500 g Kochfleisch
- 4 Kartoffeln
- 2 Möhren
- 1 kleiner Kohlrabi
- 1 Stangen Porree
- 150 g Weißkraut
- 100 g Blumenkohl
- 1 Zwiebel
- Salz, Lorbeerblatt, Pfefferkörner, Piment, Petersilie

1 Das Fleisch mit Lorbeerblatt, Pfefferkörnern, Piment und einer kleinen, halbierten Zwiebel kochen.

2 In der Zwischenzeit das Gemüse und die Kartoffeln putzen, in Würfel oder Streifen schneiden. Den Blumenkohl grob zerteilen.

3 Das weiche Fleisch zusammen mit den Körnern und dem Lorbeerblatt aus dem Topf nehmen. Das Gemüse und die Kartoffeln in die Brühe geben. Etwa 20 Minuten bei kleiner Hitze gar ziehen lassen.

4 Das Fleisch würfeln und zu der gegarten Gemüse-Kartoffelmischung geben. Das fertige Gericht beim Servieren mit Petersilie bestreuen.

Tipp: Eintopf schmeckt auch aufgewärmt gut, deshalb ruhig größere Mengen kochen.

ZUBEREITET AM: FÜR: | ES WAR: ☐ ☐ ☐ | NOCHMAL? ☐ja ☐nein

Beste Aussicht auf die Talsperre Pöhl
und die Hügel des Vogtlands:
Der Julius-Mosen-Turm steht bei Jocketa
in 433 Metern Höhe auf dem Eisenberg.

TREUENER SCHWAMMESPALKEN

AUS HEIMISCHEN WÄLDERN DIREKT IN DEN TOPF

Längst sind die Zeiten vorbei, in denen aus den Wäldern rings ums Städtchen Treuen harzhaltige Nadelhölzer für die Pechgewinnung im Ortsteil Eich benötigt wurden. Heute sind neben dem Holz vor allem die am Boden wachsenden Pilze interessant, die im Vogtland Schwamme heißen. Ein echter Vogtländer beherrscht das Schwammespalken-Rezept auch ohne Kochbuch. Die Schwierigkeit besteht eher darin, giftige oder ungenießbare Pilze im Wald zu lassen.

SCHWIERIGKEITSGRAD:

ZUTATEN FÜR 4 PERSONEN

- 1 kg Waldpilze
- 5 mittelgroße Kartoffeln
- 2 Möhren
- 1EL Butter
- 1 große Zwiebel
- 100 g Speck
- Salz, Pfeffer, Essig, Zucker
- Petersilie

1 Die Pilze putzen, wurmige Stellen wegschneiden. In Scheiben oder Würfel schneiden.

2 Kartoffeln und Möhren schälen. Kartoffeln in Würfel, Möhren in Scheiben schneiden.

3 Die Pilze in der zerlassenen Butter anbraten, gut durchschwitzen. Etwa einen Liter Wasser zugeben. Aufkochen, mit Salz, Pfeffer, Essig, Zucker kräftig süßsauer abschmecken. Etwa zehn Minuten köcheln lassen. Die Kartoffeln und Möhren hinzufügen und weitere 15 Minuten kochen.

4 In der Zwischenzeit Speck und Zwiebel würfeln, in einer Pfanne zuerst den Speck auslassen, dann die Zwiebel darin goldgelb braten. Petersilie hacken.

5 Das Gemisch in die fertige Suppe geben. Die Petersilie vor dem Servieren darüber streuen.

ZUBEREITET AM: FÜR: | ES WAR: ☐ ☐ ☐ | NOCHMAL? ☐ja ☐nein

VOGTLÄNDISCHER KNALLERBSENTOPF

DIESE SUPPE IST DER KNALLER

Die Ex-Auerbacherin Regina Zindler und ihr Knallerbsenstrauch-Nachbarschaftsstreit haben es in alle Medien – und dank TV-Moderator Stefan Raab sogar in die Charts geschafft. Wir erinnern an die eher zweifelhafte Berühmtheit mit einem traditionellen Gericht, das einst als Massenverpflegung aus der Gulaschkanone beliebt war.

SCHWIERIGKEITSGRAD:

ZUTATEN FÜR 5 PERSONEN

- 500 g grüne Erbsen (trocken)
- 1 Bund Suppengrün (Möhren, Sellerie, Porree, Petersilie)
- 2 große Zwiebeln
- 100 g Räucherspeck, z.B. Schinkenspeck
- 3 EL Öl
- 5 Kartoffeln (mittlere Größe)
- 2 EL Majoran gerebelt, Salz
- 1½ l Brühe oder Wasser
- 5 Paar Wiener Würstchen

1 Die Erbsen über Nacht einweichen, abgießen.

2 Zwiebeln schälen, würfeln. Suppengrün putzen, in kleine Würfel schneiden. Speck würfeln. Alles in einem größeren Topf mit Öl anbraten.

3 Mit der Brühe ablöschen. Erbsen und Majoran zugeben. Etwa 1 Stunde köcheln lassen.

4 In der Zwischenzeit die Kartoffeln schälen, würfeln. Nach einer Stunde mit in die Suppe geben. Noch etwa zwölf Minuten weiterköcheln lassen. Mit Salz abschmecken.

5 Die Wiener Würstchen in Wasser erhitzen. Jeweils ein Paar pro Person in der Suppe servieren.

ZUBEREITET AM: FÜR: | ES WAR: ☐ ☐ ☐ | NOCHMAL? ☐ja ☐nein

Am Ufer der Weißen Elster in Greiz steht das Untere Schloss, dahinter ist die Stadtkirche St. Marien zu sehen – rechts daneben die Lessingschule. Das Schloss diente über Jahrhunderte hinweg als Residenz des Fürstenhauses Reuß.

FALKENSTEINER BÄRLAUCHSÜPPCHEN

DIE VOGTLÄNDISCHE ANTWORT AUF KNOBLAUCHSUPPE

Gar nicht so leicht, ihn zu entdecken. Doch der wilde Bärlauch wächst an vielen Stellen im Vogtland, auch zwischen Schlossfels, Tierpark und Talsperre in Falkenstein. Er eignet sich für Salate und Pesto oder für unser Süppchen, das genauso gut mit jungen Brennnesseln schmeckt. Beides funktioniert nur im Frühling.

SCHWIERIGKEITSGRAD:

ZUTATEN FÜR 4 PERSONEN

- 3 mittelgroße Kartoffeln, festkochend
- 2 kleine Möhren
- ¼ Knollensellerie
- 400 g Bärlauchblätter
- 1 Zwiebel
- 50 g Butter
- 3 EL Mehl
- 1 l Gemüsebrühe
- 2 Becher Schlagsahne
- etwas Salz, frisch gemahlener Pfeffer

1 Die Zwiebel schälen, würfeln, in der heißen Butter glasig dünsten.

2 Das Mehl darüber stäuben, durchschwitzen, mit Gemüsebrühe ablöschen, gut durchrühren.

3 Den Bärlauch vorbereiten, fein hacken, zwei EL als Garnitur zurückhalten, das übrige in die Suppe geben, mit der Sahne aufkochen. Die Suppe pürieren.

4 Mit Salz und Pfeffer aus der Mühle abschmecken und dem restlichen Bärlauch garniert servieren.

ZUBEREITET AM: FÜR: | ES WAR: ☐ ☐ ☐ | NOCHMAL? ☐ja ☐nein

ELSTERANER HERBST-KLASSIKER

KÜRBIS UND APFEL SIND EIN FEST

Bad Elster im Süden des Vogtlandkreises ist ein Kurort, der neben der ganz normalen Erholung vor allem ein breit gefächertes Angebot an Genüssen bereithält. Das Herbst- und Weinfest ist nur eine alljährliche Veranstaltungsreihe, die Besucher aus Nah und Fern anzieht.

SCHWIERIGKEITSGRAD:

ZUTATEN FÜR 2 PERSONEN

- 1 kleiner Hokkaido-Kürbis (ca. 500 g)
- 1 Apfel
- 1 Zwiebel
- 2 mittelgroße Kartoffeln
- 1 Möhre
- 500 ml Gemüsebrühe
- 200 ml Sahne oder Kokosmilch
- Ingwer, Salz, Pfeffer, Muskat

1 Kürbis und Apfel entkernen, mit Schale klein schneiden (bei Hokkaido-Kürbis ist die Schale essbar).

2 Kartoffeln, Zwiebel, Möhre schälen, in Würfel schneiden.

3 Ingwer schälen, möglichst klein schneiden. Zwiebelwürfel in Öl andünsten, Kürbis, Möhre und Ingwer unter Rühren mitbraten.

5 Nach etwa zehn Minuten Apfel und Kartoffeln zugeben, mit Brühe aufgießen, aufkochen. 20 Minuten zugedeckt köcheln lassen.

6 Die Sahne oder Kokosmilch hinzufügen und die Suppe pürieren. Mit Salz, Pfeffer, Muskat abschmecken.

ZUBEREITET AM: FÜR: | ES WAR: ☐ ☐ ☐ | NOCHMAL? ☐ja ☐nein

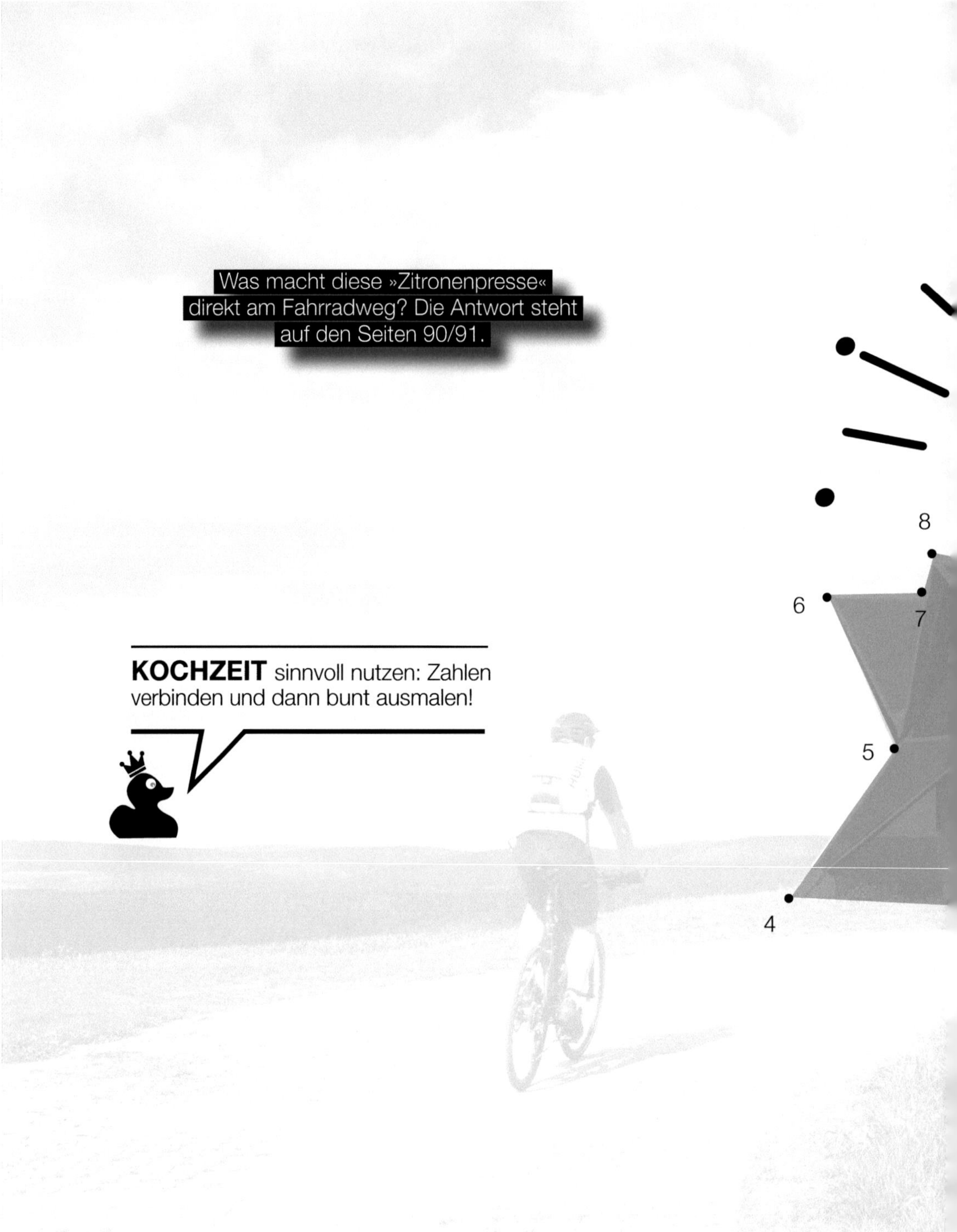

Was macht diese »Zitronenpresse« direkt am Fahrradweg? Die Antwort steht auf den Seiten 90/91.

KOCHZEIT sinnvoll nutzen: Zahlen verbinden und dann bunt ausmalen!

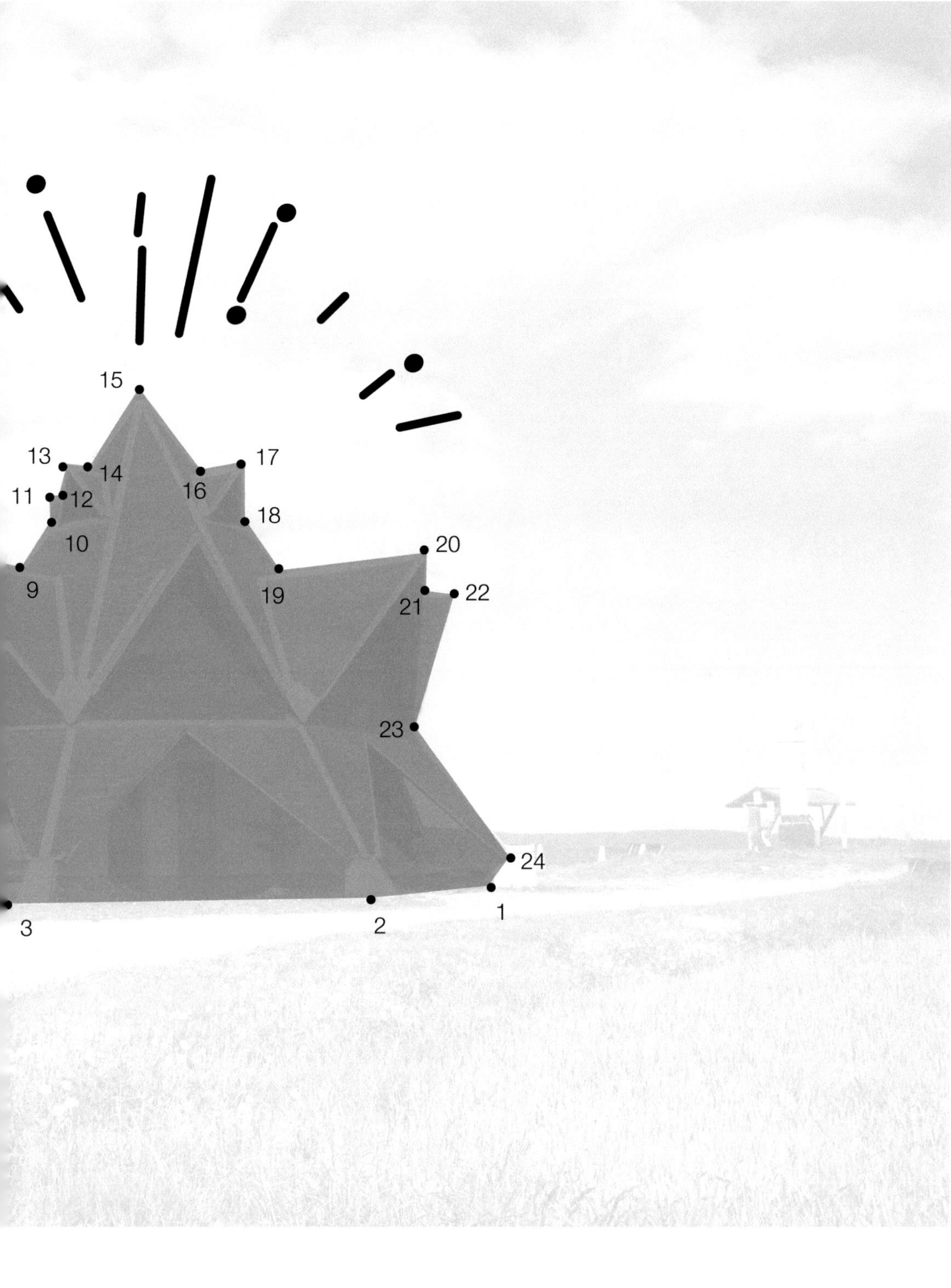
15
13
14
17
16
11
12
18
10
20
9
19
21
22
23
24
3
2
1

KOCH MICH! VOGTLAND

BEILAGEN

Immer nur Kartoffeln oder Reis? Das muss nicht sein! Schnell zubereitet und richtig lecker sind diese Alternativen.

GOLDENE GÖLTZSCHTALER

GEHT RUNTER WIE ÖL

Die einen nennen sie Bambes, Kartoffelpuffer oder Rösti, die anderen Reiberdatischi, Getzen oder Latkes. In Klingenthal heißen sie gar Schladereguggs. Alle Varianten sind aus rohen, geriebenen Kartoffeln gemacht und jede Region hat ihr eigenes Rezept, mit oder ohne Buttermilch, Ei, Speck, Zwiebeln, Mehl … Goldgelb und in Fett ausgebacken sind sie alle. In der Nähe der Göltzschtalbrücke werden Bambes als Göltzschtaler genossen.

SCHWIERIGKEITSGRAD:

ZUTATEN FÜR 4 PERSONEN

- 750 g geschälte Kartoffeln
- 2 Eier
- 1 EL Mehl
- Salz, Pfeffer
- Öl zum Ausbacken

1 Die rohen Kartoffeln fein reiben. Leicht ausdrücken. Flüssigkeit abgießen.

2 Die Eier und das Mehl zufügen. Verrühren. Mit Salz und Pfeffer würzen.

3 Masse jeweils mit einer Schöpfkelle in heißes Fett geben, plattdrücken. Von beiden Seiten goldgelb ausbacken.

TIPP: Bambes werden gern als Beilage zu Braten oder »Schwammebrie« (Pilzsoße) genommen. Die moderne Küche bevorzugt Lachs, Frischkäse oder Sour Cream und etwas Dill als Beilage. Als süße Variante schmecken sie mit Apfelmus, Blaubeerkompott oder Zucker und Zimt.

ZUBEREITET AM: FÜR: | ES WAR: ☐ ☐ ☐ | NOCHMAL? ☐ja ☐nein

GEMÜSEPFANNE VON DER NEIDEITEL

DIESES GERICHT IST STADTGESPRÄCH

Der Legende nach war die Neideitel eine Marktfrau aus Plauen, die sich im Leben der ganz normalen Plauener genauso gut auskannte wie mit ihrem Marktgemüse. Noch heute gilt sie als Plauener Original, redegewandt, lustig und originell. In der Spitzenstadt wurde ihr ein Denkmal gesetzt. Die Neideitel-Geschichtchen füllen zudem mehrere Bücher. Wer heute Neideitel genannt wird, sollte sich nicht unbedingt geehrt fühlen. Denn das steht für nichts anderes als übermäßige Neugier und Geschwätzigkeit.

SCHWIERIGKEITSGRAD:

ZUTATEN FÜR 6 PERSONEN

Für den Auflauf:
- 1 Blumenkohl
- 1 Brokkoli
- 100 ml Milch
- 4 Möhren
- 1 rote Paprika
- 1 gelbe Paprika
- 200 g Minitomaten
- 6 Eier
- 200 ml Schlagsahne oder Pflanzencreme
- Petersilie
- Pfeffer, Salz, etwas Currypulver
- 1 EL Olivenöl
- Fett für die Auflaufform
- 100 g geriebener Parmesan

Für den Dip:
- 300 g griechischer Joghurt
- 3 EL Mayonnaise
- 2 Knoblauchzehen
- ½ Bund Dill
- ½ Bund Schnittlauch
- Salz, Pfeffer

1 Blumenkohl und Brokkoli in Röschen teilen, in Salzwasser mit Milch blanchieren.

2 Zwiebel würfeln, Möhren vierteln und in Würfel schneiden. Zuerst die Zwiebel glasig dünsten, dann die Möhrenwürfel zugeben. Gut durchschwitzen.

3 Blumenkohl und Brokkoli abtropfen lassen, eventuell noch etwas zerkleinern und in eine gut gefettete Auflaufform geben. Die Zwiebel-Möhrenmischung über die Röschen verteilen.

4 Paprika in Würfel schneiden. Die Tomaten halbieren. Ebenfalls in die Auflaufform geben. Alles gut vermischen.

5 Die Eier mit Salz, Pfeffer und Curry verrühren, Sahne oder Pflanzencreme sowie das Mehl zufügen. Rühren, bis eine cremige Konsistenz erreicht ist. Dann die gehackte Petersilie unterheben. Die Mischung vorsichtig über das Gemüse gießen.

6 Den Parmesan reiben. Auf die Mischung in der Auflaufform streuen. Im Backofen bei 180 Grad etwa 40 Minuten backen. Den Joghurt mit Mayonnaise, durchgepresstem Knoblauch, gehacktem Dill, Schnittlauchröllchen, Salz und Pfeffer verrühren und zum fertigen Auflauf servieren.

Der Auflauf kann auch als Hauptgericht gegessen werden. Dann reicht er für 3 bis 4 Personen. Als Beilage passt er zu Schnitzel und anderem Kurzgebratenen mit Pommes frites oder Rosmarinkartoffeln.

ZUBEREITET AM: FÜR: | ES WAR: ☐ ☐ ☐ | NOCHMAL? ☐ja ☐nein

PÖHLER NACKETE MAADLE

AN DER COSTA PÖHLA UND AUF DEM TELLER

Die liebevoll Costa Pöhla genannte Talsperre Pöhl besitzt den größten Binnen-FKK-Strand Deutschlands. Dort können sie bei schönstem Sommerwetter angetroffen werden. Und die aus dem Vogtland stammende Schlagerkünstlerin Stefanie Hertel besingt sie ebenso: die Nacketen Maadle – allerdings als gleichnamiges Kartoffelgericht, das hier auf den Tisch kommt. Es heißt so, weil zur Zubereitung nicht viel gebraucht wird.

SCHWIERIGKEITSGRAD:

ZUTATEN FÜR 3 PERSONEN

- 500 g gekochte Kartoffeln
- etwas Mehl
- Salz
- Ausbackfett

1 Kartoffeln kochen, schälen, reiben. Zu der Kartoffelmasse eine Prise Salz und etwas Mehl geben, sodass man die Masse formen kann.

2 Jeweils einen Teil vom Teig zu handlichen Kugeln formen, breitdrücken und in einer Pfanne ausbacken.

Passt gut als Beilage zu Schwammebrie (Pilzsoße) oder Gulasch und anderen Fleischgerichten. Wer es süß mag, serviert es mit Apfelmus oder Heidelbeeren als Dessert.

ZUBEREITET AM: FÜR: | ES WAR: ☐ ☐ ☐ | NOCHMAL? ☐ja ☐nein

Geschickte Hände fertigen in Markneukirchen seit vielen Jahren Instrumente von Weltruf. In den Schauwerkstätten der Erlebniswelt Musikinstrumentenbau können Gäste den Handwerkern über die Schulter schauen.

HANS-WURST-CHILI À LA NEUBERIN

HANSWURST GEGEN DEN HUNGER

Friederike Caroline Neuber, genannt die Neuberin, wurde 1697 in Reichenbach geboren. Als größter Verdienst der Theaterreformatorin und Schauspielerin gilt die Einführung eines bürgerlichen Theaters in hochdeutscher Sprache – die mit der Vertreibung des Hanswursts von der Bühne verbunden war. Bei ihren Reisen quer durch Europa streifte sie sicherlich auch Thüringen, wo die Rostbratwurst ab 1404 ihren kulinarischen Siegeszug feierte.

SCHWIERIGKEITSGRAD:

ZUTATEN FÜR 4 PERSONEN

- 4 Rostbratwürste (je 100 g)
- 2 Zwiebeln
- 1 rote Paprika
- 1 Dose Kidney- oder Chili-Bohnen
- 1 Dose Mais oder 150 g Tiefkühlmais
- 1 Packung passierte Tomaten
- ¼ l Gemüsebrühe
- 1 EL Bratfett
- Chilipulver, Salz, eine Prise Zucker

1 Die Rostbratwürste in Scheiben schneiden, im erhitzten Öl Anbraten. Die Zwiebeln schälen und würfeln. Die Paprika, waschen, das Kerngehäuse herausschneiden, würfeln. Beides zu den Bratwurstscheiben geben und mit anschmoren. Chilipulver kurz mit anschwitzen.

2 Die Gemüsebrühe und die passierten Tomaten darunter rühren. Eine Prise Zucker einstreuen. Falls notwendig, noch etwas salzen.

3 Wenn Tiefkühlmais verwendet wird, zugeben und in der Pfanne auftauen lassen. Ansonsten zuerst die Bohnen abtropfen, in die Pfanne geben. Den Dosen-Mais abtropfen, in die Pfanne geben.

4 Alles zusammen eine Minute köcheln.

Dazu passen Nudeln, Reis oder auch das frische Drachenbrot von Seite 47.

ZUBEREITET AM: FÜR: | ES WAR: ☐ ☐ ☐ | NOCHMAL? ☐ja ☐nein

SYRAUER DRACHENBROT MIT DIP

FÜR FEUERSPEIER

Brot ist – je nach Mehl – ein festes, gut haltbares Grundnahrungsmittel. Je nach Chilimenge im Dip speit Justus, der Syrauer Höhlendrache, mehr oder weniger Feuer. Der Dip war der Favorit meiner Kinder. Das Rezept kenne ich auswendig. Ich habe immer gleich die doppelte Menge zubereitet.

SCHWIERIGKEITSGRAD:

ZUTATEN FÜR 2 PERSONEN

Für das Brot:
- 300 g Dinkelvollkornmehl
- 450 g Dinkelmehl 630
- ½ Würfel Hefe (21 g)
- 1 TL Zucker
- 2 TL Salz
- 525 ml lauwarmes Wasser
- Nach Geschmack: Brotgewürz, Chiliflocken
- ein paar Tropfen Öl
- Butter für die Backform

Für den Dattel-Chili-Dip:
- ½ Bund Frühlingszwiebeln
- 100 g Datteln ohne Stein
- 1 bis 2 Chilischoten
- 1 Becher Schmand
- 200 g Frischkäse
- 1 Prise Salz

1 Die Hefe in eine Rührschüssel bröckeln, den Zucker darüber streuen. Mit dem lauwarmen Wasser verrühren.

2 Nach und nach das Mehl und das Salz zugeben und alles gut durchkneten, bis ein glatter Teig entsteht. Wer es feurig will, gibt einen TL Chiliflocken in den Teig. Wer Kräuterbrot liebt, nimmt eine Kräutermischung.

3 Den Teig in der Rührschüssel leicht mit Öl beträufeln, das ihn vor dem Austrocknen schützt. Das Öl mit der Hand über den Teig streichen.

4 Eine Stunde an einem warmen Ort oder zwölf Stunden im Kühlschrank gehen lassen. Mit den Händen kurz durchkneten.

5 In eine gefettete feuerfeste Form mit Deckel geben (zum Beispiel einen nicht gewässerten Römertopf oder Ultra Pro von Tupper).

6 Zugedeckt 50 Minuten bei 220 Grad backen, dann den Deckel abnehmen und 15 Minuten weiterbacken.

7 In der Zwischenzeit die Frühlingszwiebeln und die Chilischoten putzen, die Zutaten für den Dip in eine Küchenmaschine geben, zwei Minuten zerkleinern und zu einer glatten Konsistenz verrühren.

8 Das Brot noch heiß auf ein Gitter stürzen. Abkühlen lassen und nach Herzenslust mit dem Dip bestreichen.

Das Brot eignet sich gut zur Mehlverwertung und kann auch mit anderen Mehlsorten gebacken werden. Bei mehr Vollkorn noch einen Schluck Wasser zugeben.

ZUBEREITET AM: FÜR: | ES WAR: ☐ ☐ ☐ | NOCHMAL? ☐ja ☐nein

Steinalt ist die Brücke mit ihren sieben Bögen im idyllischen Dorf Kürbitz – die älteste ihrer Art in ganz Sachsen. Errichtet 1298, quert sie das Tal der Weißen Elster. Kürbitz liegt inmitten grüner Hügel unweit von Plauen. Die Salvatorkirche mit ihrem achteckigen Turm prägt das Ortsbild.

PLOHNER SAURIERSCHNITZEL

KEINE ANGST VOR GROSSEN TIEREN

Der Freizeitpark Plohn eröffnete 1996 als der erste in den neuen Bundesländern. Ausgangspunkt war der Forellenhof mit einem Märchenwald. Später kam das Dinoland dazu, das per Floß erkundet werden kann. Seitdem wächst der Park stetig und ist ein beliebtes Ausflugsziel mit Achterbahnen, Wildwasserbahn, Geistermühle und anderen Attraktionen. Jüngster Streich: die lebendige Welt von Max und Moritz.

SCHWIERIGKEITSGRAD:

ZUTATEN FÜR 4 PERSONEN

- 1 kleiner Hokkaido-Kürbis
- Panier- oder Pankomehl
- 4 EL Mehl
- 2 Eier
- Salz, Pfeffer, Muskat
- Ausbackfett (Öl oder Butterschmalz)

1 Den Kürbis waschen, die Kerne und den Stielrest entfernen, in Spalten schneiden.

2 Das Wasser mit Salz in einem Topf aufkochen lassen. Die Kürbisspalten zwei bis drei Minuten blanchieren, aus dem Wasser nehmen, abtropfen lassen.

3 Das Paniermehl mit Salz, Pfeffer, Muskat würzen. Die Kürbisspalten zuerst in Mehl wenden, dann in verquirltes Ei legen und zum Schluss durch die Semmelbrösel ziehen.

4 In einer Pfanne ausbacken.

Dazu passen Kurzgebratenes, Salat und ein Dip.

ZUBEREITET AM: FÜR: | ES WAR: ☐ ☐ ☐ | NOCHMAL? ☐ja ☐nein

FRÄNKISCHER SEMMELAUFLAUF

ALTERNATIVE ZU KNÖDELN UND KLÖSSEN

Das Gericht heißt im bayrisch-fränkischen Vogtland Eierschmalz. Erfunden wurde es für die fleischlose Fastenzeit. Inzwischen dient es auch der Resteverwertung bei zu viel gekauften Brötchen. Es passt wunderbar zu den deftigen Fleischgerichten mit viel Soße, die im Frankenland so beliebt sind. Und der Aufwand ist deutlich geringer als bei Klößen oder Knödeln.

SCHWIERIGKEITSGRAD:

ZUTATEN FÜR 4 PERSONEN

- 6 altbackene Brötchen
- 500 ml Milch
- 2 Schalotten
- Bratfett
- 4 Eier
- Butter für die Auflaufform
- Gehackte Petersilie, Salz, Pfeffer, 1 Prise Muskat

1 Die Schalotten würfeln, in wenig Fett glasig braten. Die Brötchen klein schneiden. Mit heißer Milch übergießen.

2 Die Schalottenwürfel zu der Masse geben. Eier verquirlen. Mit Salz, Pfeffer, Muskat würzen, Petersilie darunter rühren.

3 Brötchen- und Eimasse vermengen. Den Teig ein wenig ruhen lassen.

4 Den Backofen auf 180 Grad (Umluft 160 Grad) vorheizen. Eine runde Auflaufform fetten, den Teig einfüllen.

5 In 45 Minuten goldgelb backen.

In der Form Tortenstücken schneiden und zu Fleisch und Gemüse oder mit einem frischen Salat servieren.

ZUBEREITET AM: FÜR: | ES WAR: ☐ ☐ ☐ | NOCHMAL? ☐ja ☐nein

1
2
3
4
5
6
7
8
10
11
12
13
14
15
16
17
18
19
20
21
22
23
24
25
26
27
28
29
30
31
32
33
34
35
36
37
38
39
40
41
42
44
47

KOCHZEIT sinnvoll nutzen: Zahlen verbinden und dann bunt ausmalen!

Was hier zu entdecken ist, ist Spitze.
Wo? Steht auf den Seiten 104/105.

KOCH MICH! **VOGTLAND**

SALATE

Klassisch oder lieber ausgefallen?
Hier haben wir ihn, den Salat.
Frische Kost für jeden Geschmack
darf beim Menü nicht fehlen.

PLAUENER SPITZENSALAT

SCHMECKT MIT UND OHNE GURKEN

Das vogtländische Plauen wurde mit der Produktion von Plauener Spitze berühmt – und bekannt mit den ersten Demonstrationen im Wendeherbst 1989. Der Spitzensalat ist ein typisches DDR-Rezept, das sich gut abwandeln lässt – denn im Osten fehlte immer irgendwas, und wenn es die Gewürzgurken waren.

SCHWIERIGKEITSGRAD:

ZUTATEN FÜR 4 PERSONEN

- 200 g Schälbraten
- 100 g Salami oder Cabanossi
- 1 Schalotte
- 2 große oder 8 Mini-Gewürzgurken
- 1 Apfel
- 2 EL Öl, 1 EL Essig, eine Prise Zucker, Salz nach Bedarf
- 1 EL geriebener Meerrettich

1 Den Schälbraten halbieren, die Scheiben wie Steaks braten. Auskühlen lassen.

2 Fleisch und Salami in Streifen schneiden, die anderen Zutaten würfeln.

3 Alles mit Öl, Essig und den Gewürzen vermischen. Mindestens zwei Stunden durchziehen lassen.

Dazu gibt es das Drachenbrot (Seite 47).

ZUBEREITET AM: FÜR: | ES WAR: ☐ ☐ ☐ | NOCHMAL? ☐ja ☐nein

KÖNIG ALBERTS FITNESS-PLATTE

AUCH EIN KÖNIG SPEISST GESUND

Bad Elster ist seit ewigen Zeiten berühmt für Kuren, Kultur und Kulinarisches. Im Staatsbad tummelten sich einst Hoheiten und ihr Hofstaat. Einer von ihnen war König Albert, der heute noch Namensgeber für viele Einrichtungen rund ums Kuren ist. Warum also nicht auch für eine gesunde Salatplatte!

SCHWIERIGKEITSGRAD:

ZUTATEN FÜR 4 PERSONEN

- 1 Eisbergsalat
- 4 Hähnchenbrüste
- 4 Eier
- 4 Minigurken
- 1 große gelbe Paprika
- 4 Tomaten
- 1 Schalotte
- Salz, Pfeffer
- 1 Zitrone
- 4 Esslöffel Olivenöl
- Balsamico-Creme
- fFrische Kräuter, z. B. Petersilie, Schnittlauch, Minze, Estragon, Pimpinelle
- Vollkornbaguette

1 Die Hähnchenbrüste mit wenig Salz und Pfeffer fettarm durchbraten oder grillen.

2 Die Eier hart kochen. Das Gemüse waschen. Den Eisbergsalat grob zerschneiden. Tomaten achteln, Gurken in Scheiben und Paprika in Streifen, Schalotte in feine Ringe schneiden.

3 Das gegarte Hähnchenfilet würfeln. Die Eier achteln. Alles außer der Schalotte auf einer Platte nebeneinander anrichten. Die Schalottenringe über die Tomaten streuen.

4 Vor dem Servieren mit Zitronensaft, Olivenöl und Balsamico-Creme beträufeln. Gehackte Kräuter darüber streuen.

5 Das in Scheiben geschnittenes Vollkornbaguette dazu reichen.

Wer mag, darf mit Salz und Pfeffer nachwürzen.

ZUBEREITET AM: FÜR: | ES WAR: ☐ ☐ ☐ | NOCHMAL? ☐ja ☐nein

Karpfen, Schleie und Aale tummeln sich im Großen Baderteich in Ronneburg. Über der Idylle thront die St. Marienkirche – und auch das Schloss der Stadt liegt gleich am Wasser.

VOIGTSBERGER RAPUNZELTURM-SALAT

MÄRCHENHAFTE KOST

Im »Illusorium« erzählen die Illustrationen der Künstlerin Regine Heinecke Märchenhaftes und Phantastisches. Seit der Turm von Schloss Voigtsberg in Oelsnitz aufgestockt wurde, erinnert das ohnehin als Märchenschloss bekannte Ensemble noch mehr an Rapunzel und ihr langes Haar.

SCHWIERIGKEITSGRAD:

ZUTATEN FÜR 2 PERSONEN

- 300 g Feldsalat (Rapunzel)
- 8 Kirschtomaten
- 2 größere Champignons
- 100 g Granatapfelkerne

Für das Dressing:

- 2 EL gut gereifter Balsamico
- 1 EL Olivenöl
- ½ TL Senf
- Salz, Pfeffer, Petersilie

1 Feldsalat waschen und putzen, Tomaten vierteln. Champignons blättrig schneiden, alles mit den Granatapfelkernen vermengen.

2 Zutaten für das Dressing verrühren und unter die Salatmischung geben.

Dazu passt gebuttertes Toastbrot.

ZUBEREITET AM: FÜR: | ES WAR: ☐ ☐ ☐ | NOCHMAL? ☐ja ☐nein

AUERBACHS KELLERTELLER

AUS DEM DUNKLEN ANS LICHT

Was hat die vogtländische Stadt Auerbach mit dem legendären »Auerbachs Keller« in Leipzig gemeinsam? Klar, Goethes »Faust« traf in der Unterwelt der Messestadt auf Mephisto – und nicht im Vogtland. Außer zu diversen Gelagen dienten Keller jedoch in allen Zeiten als Lagerraum für Kartoffeln, Rüben und Wintergemüse. Und genau von dort, aus dem Keller also, kommt die Grundlage für dieses schmackhafte und gesunde Gericht.

SCHWIERIGKEITSGRAD:

ZUTATEN FÜR 5 PERSONEN

- 2 große Knollen Rote Bete (geschält ca. 750 g)
- 6 EL Balsamico-Essig weiß
- 3 EL frisch gepressten Orangensaft
- 1 EL Zitronensaft (von der Zitrone für die Eiercreme)
- 3 EL Olivenöl, 3 EL Walnussöl
- Salz, frisch gemahlener Pfeffer
- 2 EL Walnusskerne, grob gehackt

1 Die geschälte Rote Bete in sehr feine Scheiben hobeln. Das Dressing aus Essig, Öl, Zitronen- und Orangensaft sowie Salz und Pfeffer anrühren.

2 Die Roten Bete über Nacht oder wenigstens sechs Stunden im Kühlschrank marinieren.

3 Das Carpaccio auf fünf kleinen Tellern anrichten. Gehackte Walnusskerne über die Rote-Bete-Mischung streuen.

Dazu die Wirtsberger Zitroneneier von Seite 23 und das Drachenbrot von Seite 47 servieren.

ZUBEREITET AM: FÜR: | ES WAR: ☐ ☐ ☐ | NOCHMAL? ☐ja ☐nein

RODEWISCHER KEGLER-BOWL »ALLE NEUNE«

EIN FALL FÜR DIE HEISSLUFTFRITTEUSE

Rodewisch ist die einzige Stadt in Deutschland, die einen Kegel im Stadtwappen hat. Bei der Kegler-Bowl »Alle Neune« sind, wie könnte es anders sein, neun Zutaten im Spiel. Statt Heißluftfritteuse (Airfryer) können Sie auch den Backofen für den König – pardon: die Kartoffel – benutzen. Übrigens: Wenn der Kegel in der Mitte zuerst fällt, nennt sich das Königsmord. Also am besten schön gleichmäßig durch die Schüssel futtern.

SCHWIERIGKEITSGRAD:

ZUTATEN FÜR 4 PERSONEN

- 4 größere Kartoffeln
- 2 EL Olivenöl mit Basilikum
- 250 g Minitomaten
- 250 g Minimozzarella
- 1 gelbe Paprika
- 8 EL Pesto (Bärlauch oder Basilikum. Es geht auch Pesto rosso, doch grün ist besser für das Farbenspiel.)
- 100 g Pinienkerne
- Salz
- Pfeffer

1 Die Kartoffeln schälen, würfeln. Olivenöl mit Pfeffer und Salz verrühren. Die Kartoffeln damit 60 Minuten marinieren. In der Heißluftfritteuse 20 Minuten bei 195 Grad backen. Etwas abkühlen lassen.

2 In der Zwischenzeit das Gemüse waschen, die Paprika putzen, Tomaten halbieren, Paprika würfeln.

3 Gemüse und Mozzarella in je eine Schüssel (Bowl) pro Person um die Kartoffel herum drapieren.

4 Das Pesto verrühren. Falls es zu fest ist, noch ein paar Tropfen Öl zugeben. Gleichmäßig über Kartoffeln, Gemüse und Käse verteilen. Die Pinienkerne darüber streuen.

Da Kegeln ein anstrengender Sport ist und sich Sportler gern eiweißreich ernähren, kann dazu Kurzgebratenes wie Frikadellen, Steak oder Schnitzel gereicht werden. Oder das »Bad Lobensteiner Moorhuhn« (Seite 78). Auch Drumsticks oder Schenkel von Hähnchen lassen sich prima im Airfryer zubereiten.

ZUBEREITET AM: FÜR: | ES WAR: ☐ ☐ ☐ | NOCHMAL? ☐ ja ☐ nein

43 Meter ragt der Auerbacher Schlossturm in die Höhe. Seine Mauern sind bis zu 3,50 Meter dick. Er ist das Wahrzeichen der Stadt und Rest des einstigen Bergfrieds, der schon im 12. Jahrhundert als Wohn- und Wehrburg diente.

RONNEBURGER RUMPEL-KUMPEL

DEFTIGES BERGMANNS-MAHL

»Rumpel« wird gern zu Dingen gesagt, die weg müssen. Und was der Kumpel mit Ronnenberg zu tun hat, dem Bergbaugebiet also, muss eigentlich nicht erklären werden. Jahrzehntelang strahlten die »Ronneburger Pyramiden« genannten Halden weit ins Land – zu sehen aus Thüringer oder sächsischer Richtung. Heute erwartet den Besucher die Neue Landschaft Ronneburg: mit Drachenschwanzbrücke, Entdeckerturm und Wismut-Museum.

SCHWIERIGKEITSGRAD:

ZUTATEN FÜR 4 PERSONEN

- 300 g Kassler ohne Knochen (vorgekocht oder 45 Minuten in Wasser garen)
- 250 g Spirelli
- 1 Schalotte
- 150 g Erbsen (tiefgekühlt)
- 100 g guter Schnittkäse
- 2 Eier
- 1 rote Paprikaschote
- 150 g Joghurt
- 100 g Crème fraîche
- 100 g Salatmayonnaise
- etwas Chilipulver
- Schnittlauch
- Salz

1 Nudel in Salzwasser bissfest garen. Drei Minuten vor Ende der Garzeit die Erbsen zufügen. Beides zusammen in einem Sieb abgießen, abtropfen lassen. Die Eier hart kochen. Mit kaltem Wasser abschrecken.

2 In der Zwischenzeit die Schalotte, Kassler und Käse in Würfel, Paprika in feie Streifen schneiden.

3 Mayonnaise, Crème fraîche, Joghurt, Chilipulver verrühren.

4 Die abgekühlten Eier in Achtel schneiden. Zusammen mit Paprika, Schalotte, Käse und Kassler in die Salatsoße geben, vorsichtig umrühren.

5 Etwa drei Stunden im Kühlschrank durchziehen lassen und mit Schnittlauchröllchen bestreut servieren.

Zum Salat wird am besten ein »Bergarbeiter-Klarer« serviert, ein Schnaps also. Dann rumpelt es auch nicht so im Bauch.

ZUBEREITET AM: FÜR: | ES WAR: ☐ ☐ ☐ | NOCHMAL? ☐ja ☐nein

SCHLEIZER DREIECKS-PECH

DA HABEN WIR DEN SALAT!

2023 ist das Jahr, in dem die älteste Naturrennstrecke Deutschlands seit 100 Jahren besteht. Das »Schleizer Dreieck« gibt der Stadt den Beinamen »Rennstadt«. Ursprung der damals 7,6 Kilometer langen Strecke waren die früheren Apollo-Werke Apolda, die ihre Fahrzeuge testen wollten. Später fanden Rennen bis zur »Formel 3« statt. Die Strecke wurde mehrfach verändert. Unser Dreiecks-Salat ist gut als Imbiss nach dem Rennen geeignet.

SCHWIERIGKEITSGRAD:

ZUTATEN FÜR 4 PERSONEN

- 600 g Süßkartoffel (mit Schale gewogen)
- 100 g geriebener Hartkäse
- 2 gehäufte EL Mehl
- 4 Eier
- 4 Tomaten
- 2 Avocado
- 1 EL Zitronensaft
- Kräutersalz, Paprika,
- Salz, Pfeffer, Öl, Balsamico, Tabasco
- Rosa Beeren
- 1 Kästchen Kresse oder 100 g Rucola

1 Die Süßkartoffel halbieren. Die Hälften mit etwas Kräutersalz und Paprika bestreuen. Im vorgeheizten Backofen bei Umluft 30–40 Minuten garen. Das Fleisch muss weich sein und sich herauslöffeln lassen.

2 Aus der Süßkartoffelmasse, dem Käse, Mehl und 2 Eiern einen Teig herstellen. Mit Paprikapulver und Salz abschmecken.

3 Im geölten Waffeleisen jeweils zwei Esslöffel Teig zu Waffeln backen.

4 Während die Süßkartoffeln garen, zwei Eier hart kochen. Die Avocado halbieren, den Kern entfernen, Fruchtfleisch vorsichtig aus der Schale heben, in Spalten schneiden, halbieren, mit den Zitronensaft beträufeln.

5 Tomaten und hartgekochte Eier würfeln. Zur Avocado geben. Aus Salz, Pfeffer, Öl, Balsamico, Tabasco ein kräftig abgeschmecktes Dressing mixen. Über die Salatmischung träufeln.

6 Den Salat auf den Süßkartoffel-Waffeln verteilen. Kresse oder Rucola und ein paar rosa Beeren drüberstreuen. Sofort servieren.

Es macht übrigens nichts, wenn die Waffeln nicht dreieckig sind. Das Schleizer Dreick ist es ja auch nicht mehr.

ZUBEREITET AM: FÜR: | ES WAR: ☐ ☐ ☐ | NOCHMAL? ☐ja ☐nein

KOCHZEIT sinnvoll nutzen: Zahlen verbinden und dann bunt ausmalen!

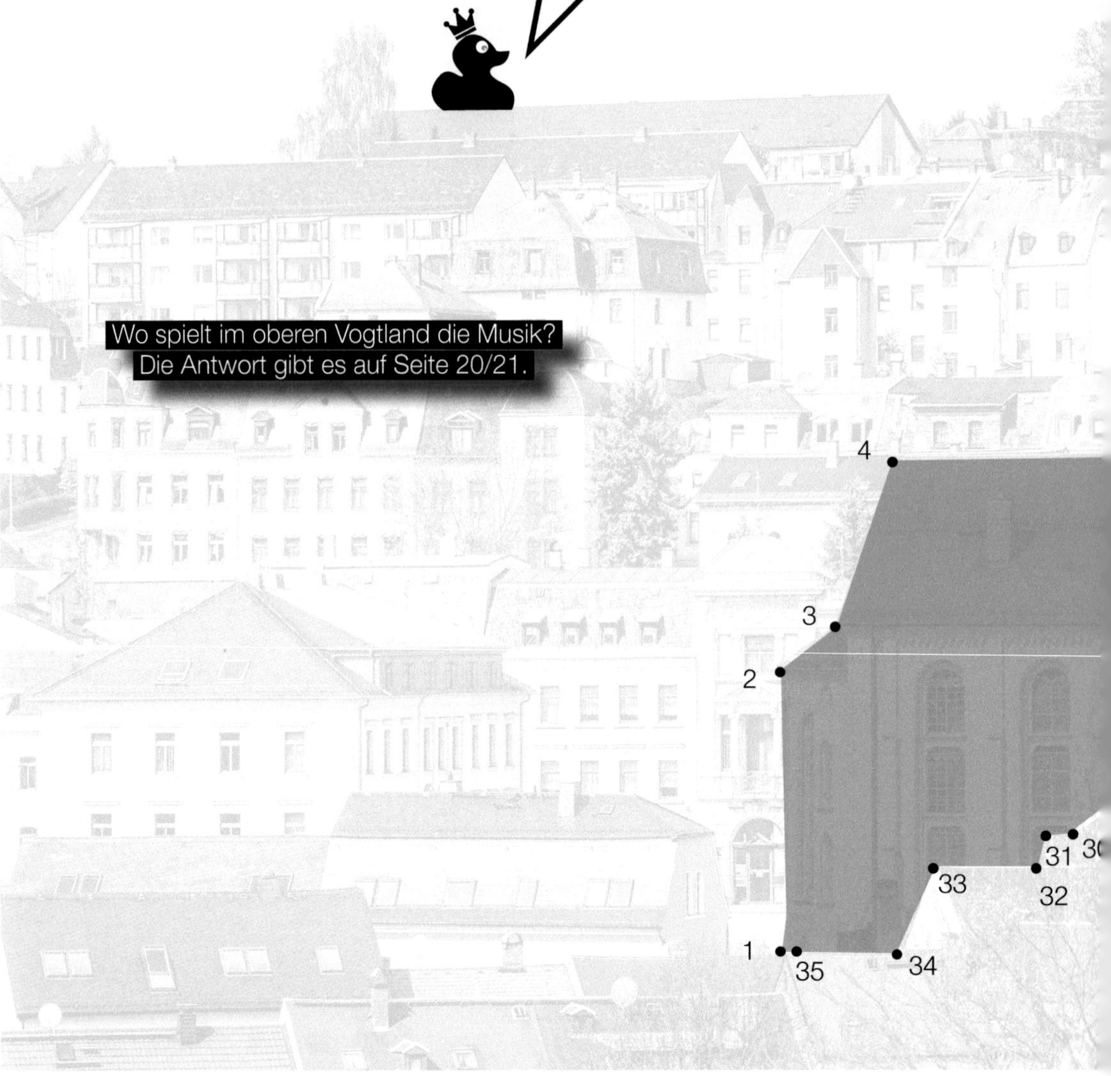

Wo spielt im oberen Vogtland die Musik?
Die Antwort gibt es auf Seite 20/21.

5
6
7
8
9
10
11
12
13
14
15
16
17
18
19
20
21
22
23
24
25
26
27
28
29

KOCH MICH! **VOGTLAND**

HAUPTGERICHTE

Da werden die Gäste Augen machen. Von Fisch bis Fleisch ist alles dabei: Rezepte für jeden Tag oder das opulente Festmahl.

MARKNEUKIRCHENER MATJESTOPF MIT MUSIK

KLANGVOLLE KUNST

Alles dreht sich um die Musik: Markneukirchen im oberen Vogtland ist bekannt für den Instrumentenbau. Ein Museum gewährt Einblicke in ihre Entstehung und es gibt eine Erlebniswelt mit Schauvorführungen. Nicht zu vergessen: der Internationale Instrumentalwettbewerb. Die Musik in unserem Rezept spielt auf ein Geräusch an, dass nach dem Verzehr roher Zwiebeln bisweilen im Verdauungstrakt entsteht.

SCHWIERIGKEITSGRAD:

ZUTATEN FÜR 4 PERSONEN

- 8 Matjesfilets oder Salzheringfilets
- 4 EL Mayonnaise
- 1 Becher Crème fraîche
- 1 EL Essig, 1 Prise Zucker
- 250 ml Milch
- 2 Zwiebeln
- 2 große Gewürzgurken
- 1 Apfel
- 8 Pfefferkörner, 1 Lorbeerblatt, 2 Pimentkörner, Salz nach Bedarf

1 Die Matjesfilets können sofort verarbeitet werden. Die Salzheringe müssen 24 Stunden gewässert werden.

2 Mayonnaise mit dem Essig und Zucker verrühren. Milch zugeben.

3 Eine Zwiebel würfeln, die andere in Ringe schneiden. Die Gurken und den Apfel würfeln. Die Würfel in die Soße geben.

4 Heringe und Gewürze zufügen. Mit Salz abschmecken. Gut durchziehen lassen.

5 Beim Servieren die Zwiebelringe auf den Fisch legen.

Der Matjestopf, auch marinierter Hering genannt, schmeckt am besten mit Salzkartoffeln.

ZUBEREITET AM: FÜR: | ES WAR: ☐ ☐ ☐ | NOCHMAL? ☐ja ☐nein

FLIEGENDER OELSNITZER HALBMOND-TEPPICH

GUT GEBETTET

Von Oelsnitz mit dem Teppichmuseum der Halbmondwerke ist die Assoziation zum fliegenden Teppich aus dem Hummusland – pardon: Morgenland – kein großes Hexenwerk. Wir empfehlen einen Teppich aus Hummus, auf dem auch Falafel, Kebab oder gebratenes Lammhack bequem liegen können.

SCHWIERIGKEITSGRAD:

ZUTATEN FÜR 4 PERSONEN

- 2 Tassen getrocknete Kichererbsen oder eine Konserve (540 g brutto)
- ½ TL Natron (nur bei getrockneten Erbsen)
- 2–3 Zehen Knoblauch
- 4 EL Tahin (Sesampaste aus dem Glas)
- 2 EL Zitronensaft
- Salz, Kreuzkümmel gemahlen
- Eiswasser

Für eine Variante ohne Falafel:

- 2 EL Olivenöl, Rosenpaprika oder Deko mit Gemüse und Kräutern

1 Die getrockneten Kichererbsen über Nacht einweichen, das Wasser erneuern, einen halben Teelöffel Natron zufügen und weichkochen. Konservenerbsen nur abtropfen lassen.

2 Kichererbsen mit Knoblauch, Tahin, Kreuzkümmel, Salz, Zitronensaft in den Mixer geben oder alles mit der Hand pürieren, bis eine feine Paste entstanden ist. Je nach Konsistenz Eiswasser zugeben.

3 In einer flachen Schale breitstreichen. Ohne Falafel das Öl darüber gießen, mit Rosenpaprika würzen und ein paar Kichererbsen als Dekoration darüber streuen. Man kann dem Hummus auch ein Gesicht dekorieren, zum Beispiel aus Petersilie, Schnittlauch, Möhren, Paprika.

Dazu passen Pita oder Fladenbrot. Falafel aus getrockneten Kichererbsen sind sehr aufwändig. Wer es schnell mag, kauft eine fertige Mischung und bereitet sie nach Packungsanleitung zu.

ZUBEREITET AM: FÜR: | ES WAR: ☐ ☐ ☐ | NOCHMAL? ☐ja ☐nein

REHAUER REH-RAGOUT

GANZ SCHÖN WILD

Bei Rehau denkt mancheiner unwillkürlich an Rehe – oder ihm fällt der gleichnamige Industriezulieferer ein, der dort gegründet wurde und sich längst auf Europa ausgeweitet hat. Dabei hat der Ortsname wieder mit Reh noch mit Au(e) zu tun. Sondern kommt vom slawischen Rezawe, was Waldrodung heißt. Und weil es im Wald viel Wild gibt, liegt ein Rehrezept nahe – auch wenn die oberfränkische Stadt viel mehr zu bieten hat.

SCHWIERIGKEITSGRAD:

ZUTATEN FÜR 4 PERSONEN

- 1 kg Rehfleisch mit Knochen (Schulter oder Keule)
- 650 ml Wildfond oder Wasser
- 250 ml Rotwein
- 2 EL Tomatenmark
- 5 EL Bratöl
- 1 Bund Suppengrün (Möhre, Lauch, Sellerie, Petersilie)
- 2 Zehen Knoblauch
- 1 Zwiebel
- je ein Zweig Thymian und Rosmarin
- zwei Blätter Salbei
- 1 Lorbeerblatt
- 10 Wacholderbeeren
- 3 EL Pflanzencreme oder Kochsahne
- Salz, Pfeffer

1 Das Fleisch waschen, trockentupfen, in heißem Öl anbraten, mit Salz und Pfeffer würzen.

2 Das Suppengrün sowie Zwiebel und Knoblauch putzen, Zwiebel und Knoblauch fein hacken, Suppengrün in grobe Stücke schneiden. Zum Fleisch geben, alles gut durchschwitzen.

3 Tomatenmark zugeben, durchrühren, mit Rotwein ablöschen.

4 Wildfond oder Wasser aufgießen, die Kräuter und die zerdrückten Wacholderbeeren zugeben.

5 Aufkochen lassen. Deckel auflegen und zwei Stunden bei niedriger Hitze köcheln lassen.

6 Fleisch aus dem Topf nehmen. Gemüse passieren, zurück in die Soße geben. Pflanzencreme oder Kochsahne zufügen. Mit Salz und Pfeffer abschmecken.

7 Fleisch in die Soße legen und nochmals einige Minuten ziehen lassen.

Dazu passen die »Goldenen Göltzschtaler« (Seite 42) oder der »Fränkische Semmelauflauf« (Seite 51).

ZUBEREITET AM: FÜR: | ES WAR: ☐ ☐ ☐ | NOCHMAL? ☐ja ☐nein

Ein Denkmal für »die Mutter der deutschen Schauspielkunst«: Wie ein Buch sieht die große Plastik aus, die am Reichenbacher Bahnhof an Friederike Caroline Neuber (1697–1760) erinnert. »Die Neuberin« war Theaterreformatorin und ist bekannteste Tochter der Stadt.

FLOTTER KLINGENTHALER SCHANZENSPRINGER

SCHMECKT NICHT NUR IM WINTER

Klingenthal und die Schanze: Das gehört zusammen wie Pech und Schwefel. Bei den Weltcup-Springen in der Vogtland Arena kann das Publikum den flotten Schanzenspringern zuschauen. Das Wörtchen »flott« passt auch gut zur Musik, die auf vielen Instrumenten aus Klingenthal gespielt wird – von der Blockflöte bis zum Akkordeon.

SCHWIERIGKEITSGRAD:

ZUTATEN FÜR 2 PERSONEN

- 200 g Schalotten
- 8 Kaninchenfilets
- Salz, Pfeffer
- Zitronenabrieb (nicht zwingend)
- 6–8 Zweige Salbei
- 8–12 Scheiben Bauchspeck (Bacon) oder roher Schinken
- 4 EL Olivenöl
- 4–8 EL trockener Sherry
- 250 ml Gemüsebrühe

1 Schalotten putzen, vierteln oder achteln, Salbeiblätter waschen und trockentupfen.

2 Kaninchenfilet parieren (Silberhaut entfernen), mit Salz, Pfeffer und eventuell Zitronenabrieb einreiben. Je 1 bis 2 Salbeiblätter auf das Filet legen und mit Schinken umwickeln, dabei die Filetspitze einschlagen (Rouladenform).

3 Öl erhitzen, Filets darin kurz anbraten. Schalotten und einige Salbeiblätter zugeben und andünsten. Mit Sherry ablöschen und Brühe zugeben

4 Bei mittlerer Hitze etwa 10 Minuten garen, dabei mehrmals wenden.

Schmeckt warm zu Spätzlen, Bandnudeln, Semmelknödeln oder Kartoffeln und kalt aufgeschnitten auf dem »Drachenbrot« (Seite 47).

ZUBEREITET AM: FÜR: | ES WAR: ☐ ☐ ☐ | NOCHMAL? ☐ja ☐nein

ZEULENRODAER KARPFENPFEIFER-MAHL

FISCH WILL SCHWIMMEN

Eigentlich pfeifen die Zeulenrodaer ja auf die vogtländisch zubereiteten Karpfen, vor allem auf die aus Greiz. Als sie der Sage nach einst ganz furchtbar schmeckende Karpfen aus dem mit Küchenwasser verschmutzten Binsenteich serviert bekamen, sollen sie sich mit »Wir pfeifen auf Eure Karpfen« verabschiedet haben. Inzwischen trägt Zeulenroda den Beinamen »Karpfenpfeiferstadt« – und der Fisch ist in aller Munde.

SCHWIERIGKEITSGRAD:

ZUTATEN FÜR 4 PERSONEN

- 1 Karpfen (etwa vier Pfund), am besten halbieren lassen
- 1 Zitrone, Salz
- 1 Bund Suppengemüse
- 1 kleine rote Bete
- 1 Zwiebel
- 1 Flasche Karamellbier (es geht auch helles Bier)
- 150 g Butter
- Lorbeerblatt, Pfefferkörner, Piment
- Petersilie

1 Von halbierten Karpfen Schuppen und Kiemen entfernen, waschen. In portionsgerechte Stücke schneiden. Salzen und mit Zitronensaft beträufeln.

2 Das Gemüse putzen, würfeln. In etwas Butter mit den Gewürzen anbraten, mit Wasser ablöschen.

3 Die Karpfenstücke auf dem Gemüsebett gar ziehen lassen.

4 In der Zwischenzeit die restliche Butter schmelzen und klären. Den Karpfen herausnehmen, warmstellen.

5 Das Lorbeerblatt und die Körner aus dem Gemüse entfernen. Das gekochte Gemüse pürieren, Bier und die geklärte Butter zugeben, aufkochen lassen. Bei Bedarf nachsalzen.

6 Den Karpfen mit Salzkartoffeln und Rotkraut anrichten. Die Soße darübergeben. Mit Petersilie bestreuen.

Am besten pfeifend servieren!

ZUBEREITET AM: FÜR: | ES WAR: ☐ ☐ ☐ | NOCHMAL? ☐ ja ☐ nein

Im 12. Jahrhundert errichtet und heute noch fast vollständig erhalten ist die Burg Mylau im sächsischen Vogtland. Im Mittelalter und der Frühen Neuzeit war sie Adelssitz, später übernahmen bürgerliche Besitzer, bevor sie zur Fabrik wurde, zum Rathaus mit Schloss-Schenke – und heute ist sie Museum.

BAD LOBENSTEINER MOORHUHN

AM BESTEN NACH DEM MOORBAD GENIESSEN

Bad Lobenstein ist das Moorheilbad am »Thüringer Meer«. Wobei das mit dem Meer nicht allzu wörtlich genommen werden sollte, denn es besteht aus zwei Saale-Stauseen. Allerdings gibt es sowohl eine Bad Lobensteiner Moorprinzessin als auch eine Thüringer Meerjungfrau. Ob das durch ein Computerspiel bekannt gewordene Moorhuhn ebenfalls von dort stammt, ist nicht überliefert. Aber möglich wäre es.

SCHWIERIGKEITSGRAD:

ZUTATEN FÜR 4 PERSONEN

- 4 Hähnchenbrustfilet (oder Putenbrust)
- 4 EL flüssigen Honig
- 4 EL Olivenöl
- 1 EL scharfer Senf
- 1 EL weiche Butter
- 1 Knoblauchzehe
- Salz, Pfeffer, Rosenpaprika

1 Die Marinade aus Honig, Olivenöl, Senf, Knoblauch und den Gewürzen verrühren. Das Fleisch mit der Hälfte bestreichen.

2 Im Frittierkorb des Airfryers 20 Minuten bei 200 Grad garen. Dann erneut bestreichen und weitere zehn Minuten garen. (Für den Backofen in eine kleine Auflaufform setzen, jeweils zehn Minuten länger bei 180 Grad Umluft garen.)

3 Das Fleisch ein paar Minuten ruhen lassen. In Scheiben schneiden.

Der Honigüberzug fühlt sich an wie Moor und ist sehr lecker. Am besten mit der »Gemüsepfanne von der Neideitel« (Seite 43) servieren.

ZUBEREITET AM: FÜR: | ES WAR: ☐ ☐ ☐ | NOCHMAL? ☐ja ☐nein

WERNESGRÜNER BIERGULASCH

EINE DELIKATE LIAISON

Wernesgrün ist doppelt bekannt: Zum einen dank Johann Andreas Schubert, der 1808 hier geboren wurde. Der Ingenieur gilt als Schöpfer der Göltzschtalbrücke und Konstrukteur der ersten deutschen Dampflokomotive »Saxonia«. Zum anderen dank der Wernesgrünerei Brauerei, der ältesten ihrer Art Sachsens, gegründet 1436. Es gab Zeiten, da hätten nicht nur Vogtländer das »gute Wernesgrüner« nicht ans Essen gekippt. Inzwischen verfeinern Köche damit gern Gulasch oder Bierbraten.

SCHWIERIGKEITSGRAD:

ZUTATEN FÜR 4 PERSONEN

- je 500 g Schweine- und Rinderbraten
- 4 Zwiebeln
- 2 Möhren
- 1 EL Tomatenmark
- 500 ml Brühe
- 500 ml Wernesgrüner Landbier 1436 (oder ein anderes helles Bier)
- Salz, Pfeffer, Rosenpaprika

1 Das Fleisch würfeln und im heißen Fett anbraten. Zwiebeln würfeln, dazugeben.

2 Möhren putzen, in grobe Stücke schneiden, mit anschmoren.

3 Alles gut durchrühren. Die Gewürze und das Tomatenmark zufügen. Kurz anrösten. Mit Brühe und Bier ablöschen.

4 Auf kleiner Flamme köcheln lassen, bis das Fleisch weich ist. Nochmals abschmecken.

Passt gut zum »Fränkischen Semmelauflauf« (Seite 51).

ZUBEREITET AM: FÜR: | ES WAR: ☐ ☐ ☐ | NOCHMAL? ☐ja ☐nein

An welchem Schloss samt Kirche dahinter fließt die Weiße Elster hier vorbei?
Auflösung: Seiten 34/35.

KOCHZEIT sinnvoll nutzen: Zahlen verbinden und dann bunt ausmalen!

KOCH MICH! VOGTLAND

DESSERTS

Na endlich! Es wird Zeit für
die süße Krönung des Menüs:
Diese kreativen Leckereien
machen das Essen perfekt.

KLINGENTHALER KLITZSCHER

QUARKKEULCHEN AUF VOGTLÄNDISCH

Bei meinen Großeltern hießen die Quarkkeulchen Quarkklitzscher – vogtländisch: Glitscher. Aber glitschig, schmierig also, waren sie nicht. Sondern außen schön knusprig und innen weich. Mein Opa hat sie mir oft zubereitet, wenn ich aus der Schule kam. Dann jedoch als Hauptgericht, denn die Suchtgefahr war (und ist) doch sehr groß.

SCHWIERIGKEITSGRAD:

ZUTATEN FÜR 4 PERSONEN

- 750 g gekochte Kartoffeln
- 500 g Magerquark
- 3 Eier
- 100 g Stärkemehl
- 50 g Weizenmehl
- 50 g Zucker
- 1 Prise Salz
- optional: eine Handvoll Rosinen
- Bratfett

1 Die Kartoffeln schälen, durch die Kartoffelpresse in eine Schüssel pressen.

2 Die übrigen Zutaten außer dem Bratfett zugeben und alles zu einem Teig verarbeiten. Wenn der Teig klebt, noch etwas Mehl zugeben.

3 Den Teig in eine Rolle formen. Scheiben abschneiden, flachdrücken. In heißem Öl von beiden Seiten knusprig braten.

Dazu gehört Apfelmus.

ZUBEREITET AM: FÜR: | ES WAR: ☐ ☐ ☐ | NOCHMAL? ☐ja ☐nein

SCHÖNECKER MOOSMANN-KUCHEN

AUF DEN SPUREN DER SAGENHAFTEN LEBEWESEN

Der Moosmann und sein Weiblein gehören in jedes vogtländische Sagenbuch. Nur etwa drei Fuß hoch sollen die unter Baumwurzeln lebenden, mit Moos und Zweigen gekleideten Gestalten sein. An der Tourist-Information Schöneck startet der etwa vier Kilometer lange Kinderwanderweg »Moosmännleinspuren«. Unterwegs locken Spiel- und Erlebnisareale mit Aufgaben und Rätseln. Unser einfacher Kuchen eignet sich gut fürs Picknick unterwegs – und Kinder lieben den grünen Farbstich, der tatsächlich an Moos erinnert.

SCHWIERIGKEITSGRAD:

ZUTATEN FÜR EIN BLECH

Für den Teig:
- 250g Mehl
- 250 g Zucker
- 250 g Margarine
- 6 Eigelb
- ¼ l saure Sahne
- 50 g Kakao
- 1 Backpulver

Für den Belag:
- 6 Eiweiß
- 3 EL Staubzucker
- 180 g Kokosfett
- fein gemahlenes Kaffeepulver

1 Eigelb und Zucker schaumig rühren, weiche Margarine und saure Sahne zugeben.

2 Mehl, Backpulver und Kakao mischen, nach und nach mit der flüssigen Masse verrühren.

3 Auf einem gut gefetteten Blech bei 180 Grad etwa 25 Minuten backen.

4 Eiweiß und Staubzucker schaumig rühren, das zerlassene Hartfett unterziehen.

5 Nach dem Erkalten die Creme auf den Teig geben. Wenig Kaffeepulver auf die Creme sieben – die dadurch schon nach kurzer Zeit einen grünen Farbstich bekommt.

ZUBEREITET AM: FÜR: | ES WAR: ☐ ☐ ☐ | NOCHMAL? ☐ja ☐nein

SÜSSER ADORFER PERLMUTT-PERLEN-KUCHEN

PERLEN EINMAL ANDERS

Längst sind die Zeiten vorbei, als es in Adorf Kurfürstliche Perlenfischer gab und die Perlmutt-Industrie 1000 Menschen Lohn und Brot bot. Die Perlen haben jedoch nicht an Reiz verloren. Die kostbare vogtländische Flussperlmuschel gehörte 2019 zum Diebesgut, glänzt aber wieder im Grünen Gewölbe Dresden. Die Adorfer wollen ihr Perlmutt- und Heimatmuseum zum Erlebniszentrum umgestalten.

SCHWIERIGKEITSGRAD:

ZUTATEN FÜR EIN BLECH

Zutaten für ein Blech:

- 250 g Dinkelmehl 630
- 125 g Margarine oder Butterschmalz
- 75 g Zucker
- 1 Ei
- 100 g Zuckerperlen bunt oder einfarbig
- 1 Päckchen Backpulver

1 Margarine und Zucker schaumig rühren, das Eigelb hinzufügen. Das Eiklar steif schlagen.

2 Mehl sieben, mit Backpulver mischen. In die Margarinemasse geben und verrühren.

3 Die Zuckerperlen unter den Teig rühren. Dann das Eiweiß vorsichtig unterheben.

4 Alles in eine gefettete Kastenform geben. Im vorgeheizten Ofen bei 180 Grad Ober- und Unterhitze etwa 40 Minuten backen. Mit einem Holzstäbchen probieren. Ob der Teig fest ist.

Den Kuchen am besten mit einem Klecks Sahne und Früchten servieren.

ZUBEREITET AM: FÜR: | ES WAR: ☐ ☐ ☐ | NOCHMAL? ☐ja ☐nein

Königlich-sächsisches Flair empfängt Gäste im Kurhaus von Bad Elster. Erbaut im Stil der Neorenaissance, befindet sich heute das »Haus des Gastes« darin – und es ist nur einen Katzensprung von hier bis zu Kunstwandelhalle, Albert-Bad oder Theater.

MYLAUER ARME RITTER

MIT RITTERSCHLAG VON KAISER KARL

Die Ritter von Milin verloren ihre Burg beim vogtländischen Krieges an den böhmischen Kaiser Karl IV., der den Ort daraufhin besuchte und ihm 1367 das Stadtrecht verlieh. Ob er im heute noch glanzvollen Rittersaal »Arme Ritter« als Dessert serviert bekam, ist nicht überliefert. Es muss ihm jedoch auf der Burg gefallen haben, deshalb schaut er bei den alljährlichen Ritterfesten gern vorbei.

SCHWIERIGKEITSGRAD:

ZUTATEN FÜR 4 PERSONEN

- 8 Scheiben Toastbrot
- 2 Eier
- 500 ml Milch
- 1 EL Zucker
- 1 Prise Salz
- 100 g Butterschmalz oder anderes Bratfett

Für das Apfelmus:

- 500 g Äpfel
- 1 EL Zitronensaft
- ca. 300 ml Wasser
- 50 g Zucker
- Zimt

1 Für das Apfelmus Äpfel schälen, entkernen, klein schneiden. Äpfel mit Wasser, Zucker und Zimt weichkochen, abkühlen lassen.

2 Milch, Eier, Zucker und Salz verquirlen. In eine flache Schale geben. Die Toastscheiben in der Eiermilch einweichen.

3 Bratfett in einer Pfanne erhitzen. Brotscheiben von beiden Seiten braten.

4 Apfelmus auf die noch warmen Toastscheiben geben.

Wer kein Apfelmus mag, kann die Brotscheiben auch mit Zimtzucker bestreuen.

ZUBEREITET AM: FÜR: | ES WAR: ☐ ☐ ☐ | NOCHMAL? ☐ ja ☐ nein

SCHWARZENBACHER PFANNKUCHEN NACH ERIKA-ART

SCHLEMMEN IM »KLUB DER MILLIARDÄRE«

Ohne Erika Fuchs aus Schwarzenbach hätten Donald & Co nie in Entenhausen Einzug gehalten. Die Übersetzerin hat den Orten sogar Namen aus ihrer fränkisch-vogtländischen Heimat verpasst, in der sie von 1951 bis 1988 Disney-Comics übersetzte. Das Museum für Comic & Sprachkunst im Erika-Fuchs-Haus erinnert daran. Dort findet man auch Hinweise auf Donald Duck's Lieblingsspeisen. Und kann dem »Klub der Milliardäre« beitreten, dem Förderverein des Museums.

SCHWIERIGKEITSGRAD:

ZUTATEN FÜR 2 PERSONEN

- 1 Tasse (200 ml) Mehl
- 1 EL Puderzucker
- 1 TL Backpulver
- 2 EL zerlassene Butter
- 1 Tasse Milch
- 3 Eier
- 1 Prise Salz
- Erdnussöl zum Ausbacken
- Butterflocken
- Ahornsirup

1 Mehl, Puderzucker, Backpulver sieben und mischen. In einer zweiten Schüssel Eier mit Milch, zerlassener Butter und Salz verrühren.

2 Die Trockenmischung mit Rührbesen unter die Milch-Ei-Mischung rühren.

3 Eierkuchen ausbacken. Über jeden ein paar Butterflöckchen geben.

4 Mit Ahornsirup servieren.

ZUBEREITET AM: FÜR: | ES WAR: ☐ ☐ ☐ | NOCHMAL? ☐ja ☐nein

1986 entstand der Aussichtsturm auf dem Wirtsberg bei Landwüst – und schnell hatte das markante Häuschen wegen seiner Form den Spitzname »Zitronenpresse« weg. Beste Aussicht auf die Region verspricht das hölzerne Haus, das an einen Meiler erinnern soll.

VATER-SOHN-DESSERT

MAL MIT, MAL OHNE – ABER IMMER LECKER

Vielleicht kennen Sie die Vater-und-Sohn-Geschichte von Zeichner Erich Ohser (1903–44) alias e.o.plauen, bei der sich der Vater in der Küche versucht, die Bohnen jedoch anbrennen lässt und dann kurzerhand mit seinem Sohn ins Café geht. Ob es das beliebte »Café Trömel« in Plauen war und was die beiden dort verzehrt haben, darüber können wir nur spekulieren. Ganz sicher haben die beiden manchmal einen Eisbecher als Dessert verspeist.

SCHWIERIGKEITSGRAD:

ZUTATEN FÜR 2 PERSONEN

- Vanille- oder Stracciatella-Eis
- Früchte (Himbeeren, Erdbeeren, Pfirsich)
- 1 Becher Schlagsahne
- 1 Teelöffel Staubzucker
- 2 Zweige Zitronenmelisse
- 2 Teelöffel Schokosplitter
- Für den Vater: 1 Glas Eierlikör

1 Die Früchte vorbereiten, je nach Wunsch zerkleinern. Die Sahne mit dem Staubzucker steif schlagen.

2 In Gläser, Dessertschalen oder auf Glasteller jeweils zwei Kugeln Eis und Früchte geben.

3 Die steif geschlagene Sahne über das Eis spritzen. Die geriebene Schokolade darüber streuen. Mit der Melisse dekorieren.

4 Für den Papa ein Glas Eierlikör über das Eis gießen.

ZUBEREITET AM: FÜR: | ES WAR: ☐ ☐ ☐ | NOCHMAL? ☐ja ☐nein

BÖHMISCHE DORFKNÖDEL MIT PFLAUMEN

DA KOMMT EINEM MANCHES SPANISCH VOR

Wer kennt sie nicht, die sprichwörtlichen böhmischen Dörfer. Beschworen werden sie stets dann, wenn jemand keine Ahnung hat. Schuld daran waren die für deutsche Ohren oft recht fremd klingenden Ortsnamen jenseits der Grenze. Vogtländer, die im einst zur Habsburg-Monarchie gehörenden Böhmen – dem heutigen Tschechien – aufgewachsen sind, brachten ihre Küche und mit ihr auch die Mehlspeisen mit. Für Pflaumenknödel gibt es zwei Versionen: eine mit Hefeteig und diese hier. Dank Rezept garantiert kein »böhmisches Dorf«.

SCHWIERIGKEITSGRAD:

ZUTATEN FÜR 4 PERSONEN

Für die Knödel:
- 400 g gekochte und geschälte Kartoffeln
- 100 g Mehl
- 25 g Grieß
- 50 g Zucker
- 1 Eigelb
- 1 Prise und ein TL Salz
- 8 Pflaumen
- 8 Stück Würfelzucker

Für die Bröselbutter zum Wälzen:
- 50 g Butter
- 2 EL Staubzucker
- 100 g Semmelbrösel

1 Die Kartoffel möglichst noch heiß durchpressen. Abkühlen lassen.

2 Mit Mehl, Grieß, Eigelb, Zucker und einer Prise Salz zu einem Teig verkneten.

3 Auf bemehlter Arbeitsfläche eine Rolle formen und diese in acht Scheiben teilen.

4 Die Pflaumen waschen und entkernen. Nicht durchschneiden.

5 Je eine Teigscheibe flachdrücken. Die Pflaume mit einem Stück Würfelzucker im Inneren in die Mitte legen. Knödel um die Pflaume herum formen.

6 Die Knödel in siedendem Salzwasser 20 Minuten ziehen lassen.

7 In der Zwischenzeit die Butter in einer Pfanne schmelzen lassen. Semmelbrösel und Zucker zugeben. Unter Rühren anrösten.

8 Die fertigen Knödel mit einer Schaumkelle aus dem Salzwasser nehmen und in den Semmelbröseln wälzen. Sofort servieren.

TIPP: Wer mag, reicht Pflaumenkompott dazu.

ZUBEREITET AM: FÜR: ES WAR: ☐ ☐ ☐ NOCHMAL? ☐ja ☐nein

KOCHZEIT sinnvoll nutzen: Zahlen verbinden und dann bunt ausmalen!

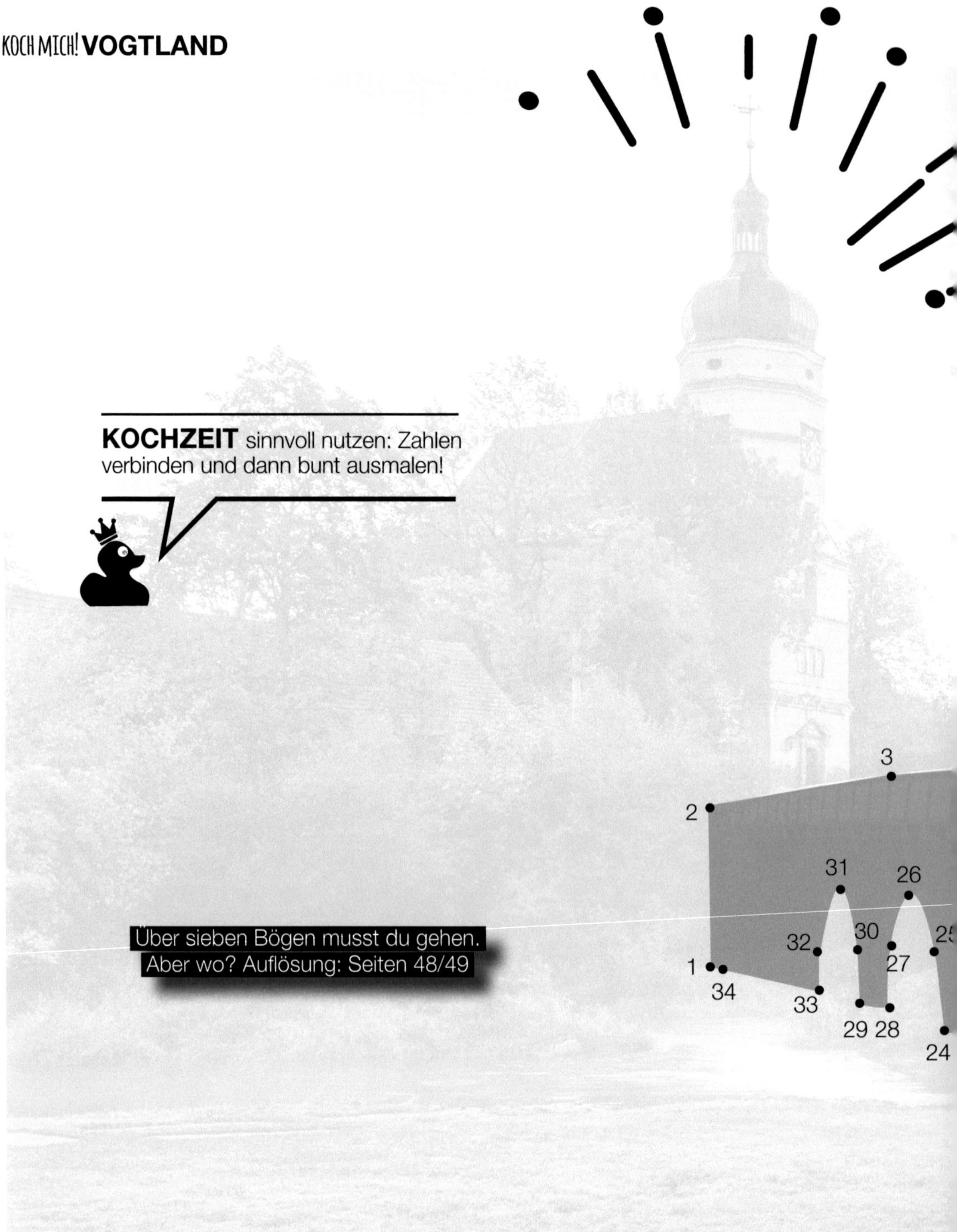

Über sieben Bögen musst du gehen.
Aber wo? Auflösung: Seiten 48/49

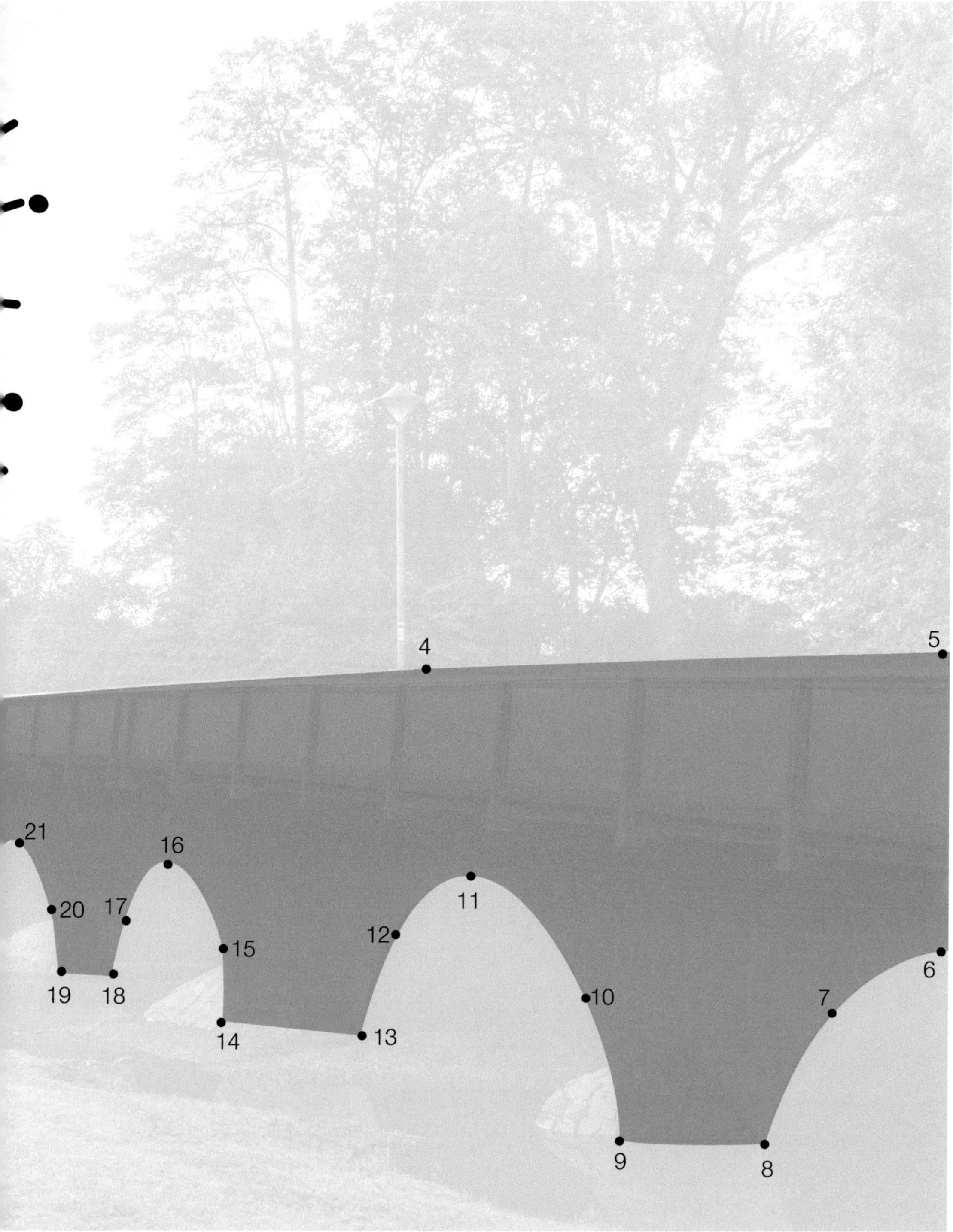
4
5
21
16
11
20
17
12
15
6
19
18
10
7
14
13
9
8

KOCH MICH! VOGTLAND

DRINKS

... und zum Ausklang: hoch das Glas! Shake it, baby. Damit keiner auf dem Trockenen sitzen muss, haben wir da mal was vorbereitet.

ZEULENRODAER MEER-FRUCHTCOCKTAIL

VIEL MEER MIT PINA COLADA

Seit die Talsperre kein Trinkwasserreservoir mehr ist, wird das Zeulenrodaer Meer zum Naherholungsgebiet für die ganze Familie ausgebaut. Baden, Wandern, Radfahren sind beliebte Freizeitaktivitäten, die sich mit einem Picknick verbinden lassen. Unser Cocktail ist eine leckere Alternative zu Mineralwasser oder Kaffee.

SCHWIERIGKEITSGRAD:

ZUTATEN FÜR 4 PERSONEN

- 1 Granatapfel
- 1 Bio-Limette
- 1 Zitrone
- 1 Babyananas
- 700 ml Multivitaminsaft oder ein anderer gelber Fruchtsaft
- 200 ml Kokosmilch

1 Den Granatapfel entkernen. Die Limette unter heißem Wasser abbürsten, in acht Scheiben schneiden.

2 Die Ananas schälen, mit Strunk und Blättern vierteln, den Strunk mit Blättern entfernen. (Er kann zur Dekoration genommen werden.) Fruchtfleisch würfeln.

3 Die Granatapfelkerne, Ananaswürfel und je zwei Limettenscheiben in die Becher geben.

4 Die Zitrone auspressen, den Zitronensaft mit Multivitaminsaft und Kokosmilch mixen. Verschließbare Trinkbecher damit auffüllen.

5 Dicht verschließen und in die Kühltasche packen. Oder sofort trinken.

TIPP: Zum Granatapfelentkernen am besten im Videoportal YouTube nach einer Anleitung suchen, damit die Küche danach nicht wie ein Tatort aussieht.

ZUBEREITET AM: FÜR: | ES WAR: ☐ ☐ ☐ | NOCHMAL? ☐ja ☐nein

GREIZER SCHLOSSGE(E)ISTER

EIS MIT GEIST UND MEERBLICK

In einer Stadt wie Greiz mit gleich drei Schlössern dürften auch Schlossgeister keine Seltenheit darstellen. Bis 2011 wurde Greizer Likör unterhalb des Oberen Schlosses hergestellt. Zeitweise befand sich dort die Produktion von Klosterfrau Melissengeist. Deshalb erhielt der Kulturverein »the.arter« Unterstützung aus Köln, vom Sitz des Unternehmens, als das historische Tor der Likörfabrik vor dem Abriss gerettet wurde und als Eingang zum Bühnenbereich ins Vereinshaus »10aRium« umzog. Der Likör entsteht heute in Meerane.

SCHWIERIGKEITSGRAD:

ZUTATEN FÜR 1 COCKTAIL

- 3 EL Crush-Eis
- 2 cl Greizer Blue Curacao
- 2 cl Himbeergeist
- Sekt zum Auffüllen
- 1 Scheibe frische Baby-Ananas

1 Das Crush-Eis ins Glas geben, darauf den Curacao und den Himbeergeist.

2 Mit Sekt auffüllen. Die Ananasscheibe einschneiden, über den Glasrand drapieren.

Statt Ananas können auch andere Früchte als Garnitur verwendet werden.

ZUBEREITET AM: FÜR: ES WAR: ☐ ☐ ☐ NOCHMAL? ☐ja ☐nein

Die zweitgrößte Ziegelbrücke der Welt liegt im Elstertal unweit von Jocketa. Mit zwölf Millionen Ziegeln wurde in etwa die Hälfte dessen verbaut, was die berühmte »Schwester« – die Göltzschtalbrücke – benötigte. Hübsch anzuschauen ist sie mindestens ebenso.

STEFFIS PFEFFI

EIN TRAUM IN HELLGRÜN

Pfeffi reimt sich auf Steffi – und Steffi war in den 1960er und 70er Jahren einer der beliebtesten Vornamen im deutschen Osten. Ein Schelm, wer dabei im Vogtland nicht auch an die aus Oelsnitz stammende Volksmusik-Sängerin Stefanie Hertel denkt. Ob sie wohl auf Pfeffi mit Kokos steht? Dieser Drink jedenfalls ist einfach köstlich!

SCHWIERIGKEITSGRAD:

ZUTATEN FÜR 2 PERSONEN

- 2 EL Kokosraspel
- Saft zweier Limetten
- 8 cl Wodka
- 12 cl Pfefferminzlikör
- 12 cl Kokosmilch
- Eiswürfel

1 Den oberen Rand der Gläser in den Saft der zuvor ausgepressten Limetten und dann in Kokosraspel tauchen. Die Menge reicht für ein paar weitere Gläser.

2 Die übrigen Zutaten in den Shaker geben und 20 Sekunden gut schütteln.

3 Vorsichtig in die Gläser füllen, ohne den Kokosrand zu zerstören. Mit Eiswürfeln servieren.

Bei der gemäßigten Variante den Wodka weglassen und mehr Kokosmilch sowie einen Schuss Pfefferminzsirup zugeben.

ZUBEREITET AM: FÜR: | ES WAR: ☐ ☐ ☐ | NOCHMAL? ☐ja ☐nein

BAD BRAMBACHER KURSCHATTEN

NATÜRLICH ERFRISCHT

Bad Brambach ist nicht als Kurort bekannt – ganz unten im südlichsten Zipfel des Vogtlandkreises. Sondern auch für die Produktion alkoholfreier Getränke – wie Mineralwasser oder diverse Limonaden. Für diesen flotten Drink nehmen wir eine solche süße »Brambacher« als Grundlage. Aber es kann selbstverständlich auch eine andere Limonade sein.

SCHWIERIGKEITSGRAD:

ZUTATEN FÜR 4 GLÄSER

- 1 Flasche Bad Brambacher Gartenlimonade Schwarze Johannisbeere, gut gekühlt
- 200 ml frisch gepresster Orangensaft
- 4 EL gefrorene Beeren
- 4 Zweige Zitronenmelisse
- etwas Zucker

1 Den Glasrand in Wasser und anschließend in Zucker tauchen.

2 Limonade und Orangensaft mischen, auf vier Gläser verteilen.

3 In jedes Glas 1 EL Beeren geben. Mit Eiswürfeln auffüllen.

4 Die Zitronenmelisse als Dekoration verwenden.

Die Eiswürfel lassen sich aus drei Teilen Wasser, je einem Teil Zitronen- und Orangensaft sowie essbaren Blüten auf Vorrat zubereiten.

ZUBEREITET AM: FÜR: | ES WAR: ☐ ☐ ☐ | NOCHMAL? ☐ja ☐nein

FASSMANNSREUTHER DREILÄNDERECK-LIMO

DIE NATUR IM GLAS

Im Rehauer Ortsteil Faßmannsreuth hat der Verein »Faßmannsreuther Erde« mit seinem Naturhof ein kleines Paradies geschaffen. Blumenwiesen, Kräuterbeete, Wildfruchthecken, eine Streuobstwiese, ein Schaugarten laden bei Veranstaltungen zum Verweilen ein. Wenn Gruppen zu Projekten kommen, nehmen sie gern das Rezept für eine zünftige Kräuterlimonade mit.

SCHWIERIGKEITSGRAD:

ZUTATEN FÜR 2 GLÄSER

- 1 Liter Wasser
- eine große Handvoll Zitronenmelisse
- einige Blätter Minze
- 40 g Rohrzucker
- 1 Scheibe Zitrone
- ein paar Spritzer Essig

1 Zucker mit dem kalten Wasser vermischen. Kräuter, Zitrone, Essig zugeben.

2 24 Stunden an einem kühlen Ort stehenlassen. Abseihen, in Gläser füllen, mit ein paar Minzeblättchen dekorieren.

ZUBEREITET AM: FÜR: ES WAR: ☐ ☐ ☐ NOCHMAL? ☐ja ☐nein

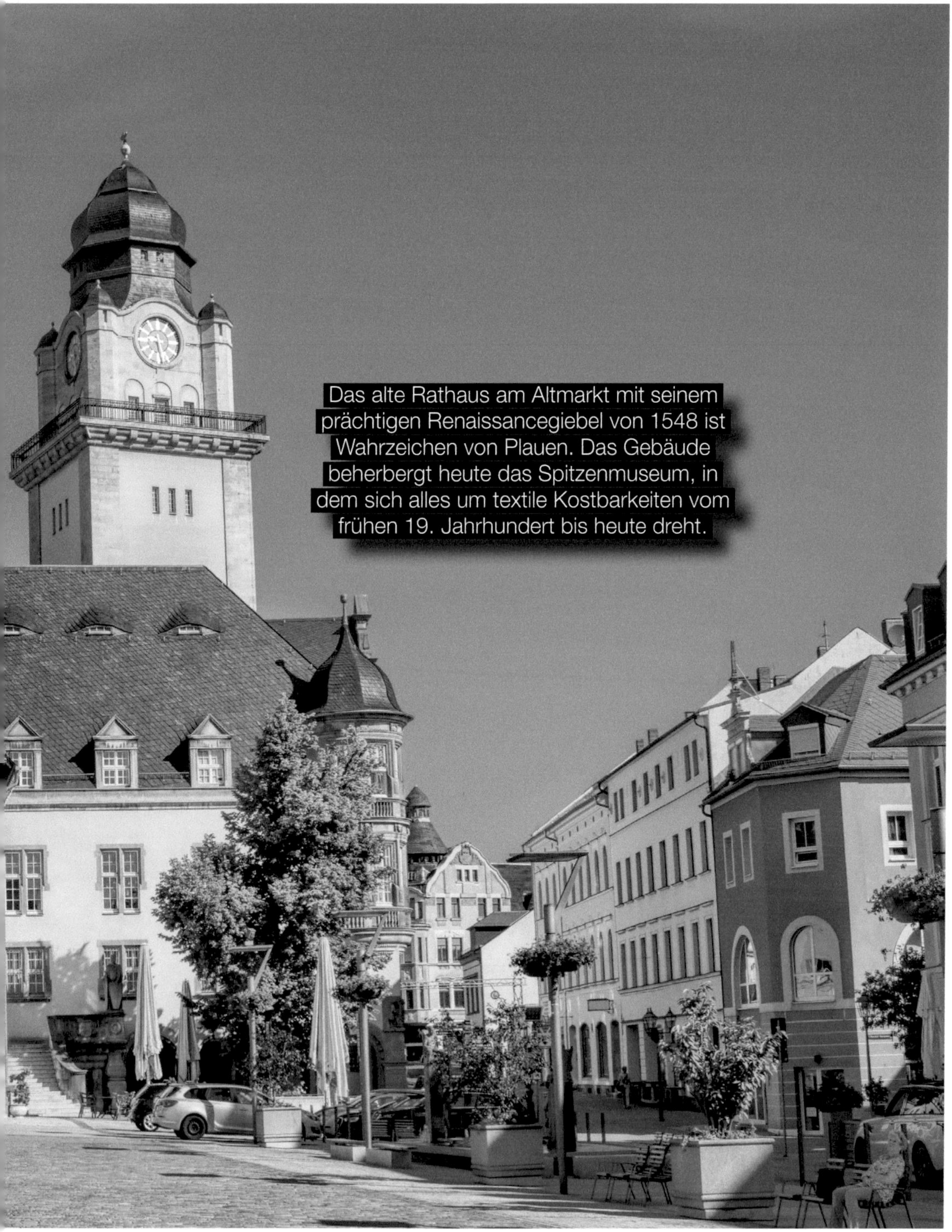

Das alte Rathaus am Altmarkt mit seinem prächtigen Renaissancegiebel von 1548 ist Wahrzeichen von Plauen. Das Gebäude beherbergt heute das Spitzenmuseum, in dem sich alles um textile Kostbarkeiten vom frühen 19. Jahrhundert bis heute dreht.

GERAER HÖHLERTRUNK

SCHMECKT AUCH DRAUSSEN

Die Geraer Höhler, ein unterirdisches Kellersystem, wurden vor allem genutzt, um Bier zu lagern. Sie entstanden im 16. und 17. Jahrhundert und sind zum Teil heute noch begehbar. Ein Besuch des Höhlerfestes in Gera lohnt sich.

SCHWIERIGKEITSGRAD:

ZUTATEN FÜR 10 PERSONEN

- 10 Flaschen Bier, am besten Greizer Edel-Hell
- 1 Flasche trockener Weißwein
- 6 Zitronen
- 250 ml lauwarmes Wasser
- 300 g Zucker

1 Die Zitronen in Scheiben schneiden, den Zucker darüber streuen, dann das Wasser darüber gießen. Umrühren, bis sich der Zucker aufgelöst hat. Abkühlen lassen.

2 Die Zitronenmasse in ein großes Glasgefäß geben. Eine Flasche Weißwein zufügen. Kühl stellen.

3 Wenn die ersten Gäste klingeln, das Bier aufgießen. Möglichst kühl servieren.

ZUBEREITET AM: FÜR: | ES WAR: ☐ ☐ ☐ | NOCHMAL? ☐ja ☐nein

SPRITZIGES SAALEWASSER

KAKTUS TRIFFT LIMETTE

Gar nicht so leicht, den Geschmack von Saalewasser zu finden. Er soll einer Mischung aus Limette und Kaktus ähneln und deshalb eher exotisch als urig sein. Noch besser ist es, den gleichnamigen Cocktail im Schlauchboot auf der Saale zu genießen – dem übrigens zweitlängsten Nebenfluss der Elbe, gleich nach der Moldau. Ein kurzes Stück fließt die Saale im Vogtland als Grenzfluss zwischen Bayern und Thüringen.

SCHWIERIGKEITSGRAD:

ZUTATEN FÜR 4 DRINKS

- 2 Limetten
- 4 EL Kaktusfeigensirup
- 1 Flasche Prosecco (alkoholfreie Variante: 0,7 l spritziges Mineralwasser)
- 4 Physalis

1 Die Limetten auspressen. Den Saft auf vier Cocktailgläser verteilen. Den Kaktusfeigensirup zugeben.

2 Die Gläser mit Prosecco oder spritzigem Wasser auffüllen und mit je einer Physalis dekorieren.

ZUBEREITET AM: FÜR: | ES WAR: ☐ ☐ ☐ | NOCHMAL? ☐ja ☐nein

KOCHZEIT sinnvoll nutzen: Zahlen verbinden und dann bunt ausmalen!

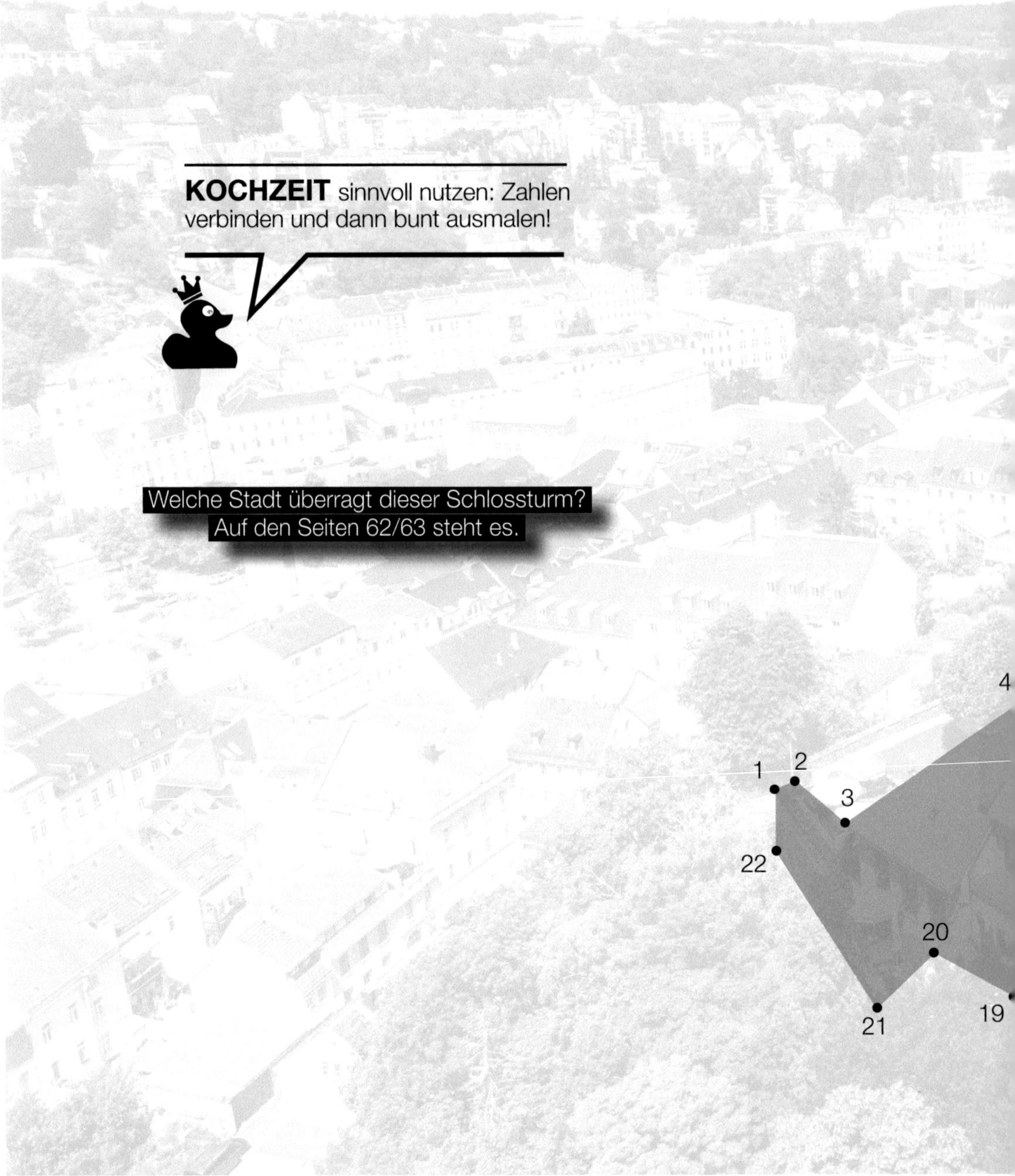

Welche Stadt überragt dieser Schlossturm?
Auf den Seiten 62/63 steht es.

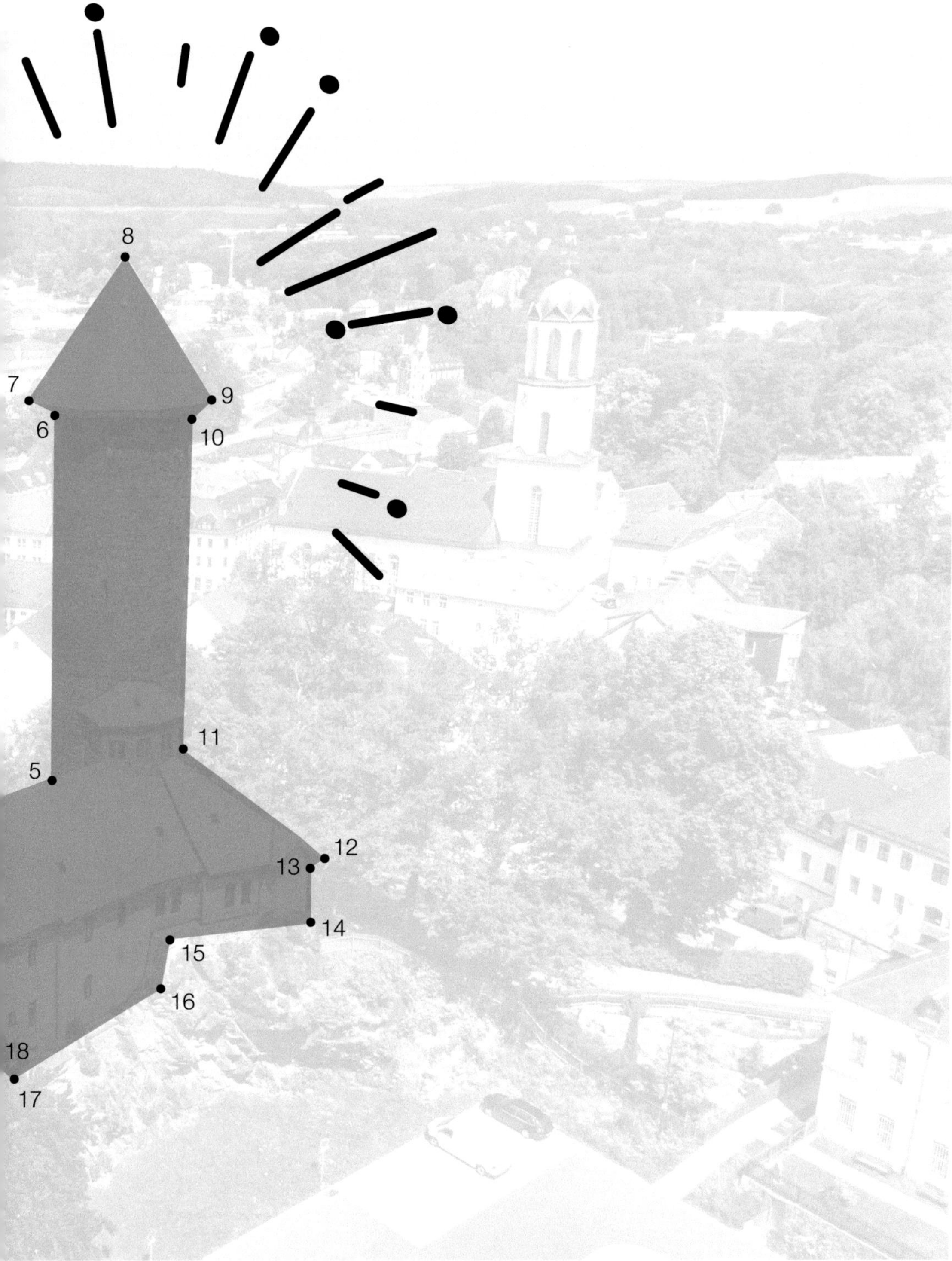
8
7
9
6
10
11
5
12
13
14
15
16
18
17

KOCH MICH! **VOGTLAND**

MEINE REZEPTE

Jetzt wird's kreativ! Wie schmeckt Heimat? Auf den folgenden Seiten ist Platz für eigene Ideen – von der Vorspeise bis zum Drink. Guten Appetit!

DER GESCHMACK VON HEIMAT

☐ Vorspeise ☐ Suppe ☐ Beilage ☐ Salat
☐ Hauptgericht ☐ Dessert ☐ Drink

SCHWIERIGKEITSGRAD:

ZUTATEN FÜR 2 PERSONEN

- ....
- ....
- ....
- ....
- ....
- ....
- ....
- ....
- ....
- ....
- ....
- ....
- ....
- ....
- ....
- ....
- ....
- ....
- ....

SO WIRD'S GEMACHT

ZUBEREITET AM: FÜR: | ES WAR: ☐ ☐ ☐ | NOCHMAL? ☐ja ☐nein

DAS SCHMECKT RICHTIG LECKER

☐ Vorspeise ☐ Suppe ☐ Beilage ☐ Salat
☐ Hauptgericht ☐ Dessert ☐ Drink

SCHWIERIGKEITSGRAD:

ZUTATEN FÜR 2 PERSONEN

SO WIRD'S GEMACHT

ZUBEREITET AM: FÜR: | ES WAR: ☐ ☐ ☐ | NOCHMAL? ☐ ja ☐ nein

DARAUF HAB ICH HEUTE APPETIT

☐ Vorspeise ☐ Suppe ☐ Beilage ☐ Salat
☐ Hauptgericht ☐ Dessert ☐ Drink

SCHWIERIGKEITSGRAD:

ZUTATEN FÜR 2 PERSONEN

- ....
- ....
- ....
- ....
- ....
- ....
- ....
- ....
- ....
- ....
- ....
- ....
- ....
- ....
- ....
- ....
- ....
- ....
- ....

SO WIRD'S GEMACHT

ZUBEREITET AM: FÜR: | ES WAR: ☐ ☐ ☐ | NOCHMAL? ☐ja ☐nein

BITTE DAVON NACHSCHLAG FÜR MICH!

☐ Vorspeise ☐ Suppe ☐ Beilage ☐ Salat
☐ Hauptgericht ☐ Dessert ☐ Drink

SCHWIERIGKEITSGRAD:

ZUTATEN FÜR 2 PERSONEN

SO WIRD'S GEMACHT

ZUBEREITET AM: FÜR: | ES WAR: ☐ ☐ ☐ | NOCHMAL? ☐ja ☐nein

33.000 Zuschauer fasst die Vogtland-Arena in Klingenthal – auf der sich nicht nur die Weltelite der Skispringer regelmäßig trifft. Das Areal wird auch für Konzerte von Klassik bis Pop genutzt.

Sportland Sachsen

MÖCHTE ICH GERN FÜR DICH KOCHEN

☐ Vorspeise ☐ Suppe ☐ Beilage ☐ Salat
☐ Hauptgericht ☐ Dessert ☐ Drink

SCHWIERIGKEITSGRAD:

ZUTATEN FÜR 2 PERSONEN

- ....
- ....
- ....
- ....
- ....
- ....
- ....
- ....
- ....
- ....
- ....
- ....
- ....
- ....
- ....
- ....
- ....
- ....
- ....

SO WIRD'S GEMACHT

....

ZUBEREITET AM: FÜR: | ES WAR: ☐ ☐ ☐ | NOCHMAL? ☐ja ☐nein

DAS GAB ES FRÜHER SCHON BEI OMA

☐ Vorspeise ☐ Suppe ☐ Beilage ☐ Salat
☐ Hauptgericht ☐ Dessert ☐ Drink

SCHWIERIGKEITSGRAD:

ZUTATEN FÜR 2 PERSONEN

SO WIRD'S GEMACHT

ZUBEREITET AM: FÜR: | ES WAR: ☐ ☐ ☐ | NOCHMAL? ☐ja ☐nein

FÜR MICH TYPISCH VOGTLAND

☐ Vorspeise ☐ Suppe ☐ Beilage ☐ Salat
☐ Hauptgericht ☐ Dessert ☐ Drink

SCHWIERIGKEITSGRAD:

ZUTATEN FÜR 2 PERSONEN

SO WIRD'S GEMACHT

ZUBEREITET AM: FÜR: | ES WAR: ☐ ☐ ☐ | NOCHMAL? ☐ja ☐nein

SO ESSE ICH ES GERN

☐ Vorspeise ☐ Suppe ☐ Beilage ☐ Salat
☐ Hauptgericht ☐ Dessert ☐ Drink

SCHWIERIGKEITSGRAD:

ZUTATEN FÜR 2 PERSONEN

- ....
- ....
- ....
- ....
- ....
- ....
- ....
- ....
- ....
- ....
- ....
- ....
- ....
- ....
- ....
- ....
- ....
- ....
- ....

SO WIRD'S GEMACHT

....

....

....

....

....

....

....

....

....

....

....

....

....

....

....

....

....

....

....

ZUBEREITET AM: FÜR: | ES WAR: ☐ ☐ ☐ | NOCHMAL? ☐ja ☐nein

Wie ein Schloss samt schmuckem Park drumherum sieht dieses Gebäude aus. Wo steht es? Seite 87.

KOCHZEIT sinnvoll nutzen: Zahlen verbinden und dann bunt ausmalen!

HUNGER! DAS MÖCHTE ICH GERN KOSTEN

☐ Vorspeise ☐ Suppe ☐ Beilage ☐ Salat
☐ Hauptgericht ☐ Dessert ☐ Drink

SCHWIERIGKEITSGRAD:

ZUTATEN FÜR 2 PERSONEN

- ....
- ....
- ....
- ....
- ....
- ....
- ....
- ....
- ....
- ....
- ....
- ....
- ....
- ....
- ....
- ....
- ....
- ....
- ....

SO WIRD'S GEMACHT

ZUBEREITET AM: FÜR: | ES WAR: ☐ ☐ ☐ | NOCHMAL? ☐ja ☐nein

MEINE LEIBSPEISE

☐ Vorspeise ☐ Suppe ☐ Beilage ☐ Salat
☐ Hauptgericht ☐ Dessert ☐ Drink

SCHWIERIGKEITSGRAD:

ZUTATEN FÜR 2 PERSONEN

- ....
- ....
- ....
- ....
- ....
- ....
- ....
- ....
- ....
- ....
- ....
- ....
- ....
- ....
- ....
- ....
- ....
- ....
- ....

SO WIRD'S GEMACHT

ZUBEREITET AM: FÜR: | ES WAR: ☐ ☐ ☐ | NOCHMAL? ☐ja ☐nein

SCHMECKT WIE IM RESTAURANT

☐ Vorspeise ☐ Suppe ☐ Beilage ☐ Salat
☐ Hauptgericht ☐ Dessert ☐ Drink

SCHWIERIGKEITSGRAD:

ZUTATEN FÜR 2 PERSONEN

SO WIRD'S GEMACHT

ZUBEREITET AM: FÜR: ES WAR: ☐ ☐ ☐ NOCHMAL? ☐ja ☐nein

WAS SCHMECKT WO IM VOGTLAND?

REGISTER: STÄDTE, DÖRFER UND REZEPTE